江苏智能制造
发展战略

王志忠 著

中国财经出版传媒集团
经济科学出版社
Economic Science Press

图书在版编目（CIP）数据

江苏智能制造发展战略/王志忠著.—北京：经济科学出版社，2018.12

ISBN 978-7-5141-9933-8

Ⅰ.①江… Ⅱ.①王… Ⅲ.①智能制造系统-制造工业-经济发展战略-研究-江苏 Ⅳ.①F426.4

中国版本图书馆CIP数据核字（2018）第258094号

责任编辑：黄双蓉
责任校对：靳玉环
版式设计：陈宇琰
责任印制：邱　天

江苏智能制造发展战略

王志忠　著

经济科学出版社出版、发行　新华书店经销
社址：北京市海淀区阜成路甲28号　邮编：100142
总编部电话：010-88191217　发行部电话：010-88191522
网址：www.esp.com.cn
电子邮件：esp@esp.com.cn
天猫网店：经济科学出版社旗舰店
网址：http://jjkxcbs.tmall.com
北京时捷印刷有限公司印装
710×1000　16开　18.25印张　200000字
2018年12月第1版　2018年12月第1次印刷
ISBN 978-7-5141-9933-8　定价：45.00元
（图书出现印装问题，本社负责调换。电话：010-88191510）
（版权所有　侵权必究　打击盗版　举报热线：010-88191661
QQ：2242791300　营销中心电话：010-88191537
电子邮箱：dbts@esp.com.cn）

序

当前，新一轮科技革命与产业变革蓬勃兴起，以互联网、大数据、人工智能为代表的新一代信息技术迅猛发展，世界经济正在加快向数字化转型，智能制造已经成为未来制造业发展的核心趋势和内容。随着新一代信息技术在制造业领域的深入应用，制造业的生产方式正在加快向数字化、网络化、智能化方向发展，制造业的产业链、价值链、创新链正在不断分化、融合和重组，基于工业互联网的众包设计、云制造等新型制造模式正在快速涌现。智能制造已经成为全球制造业发展的重大趋势，成为主要发达国家抢占未来竞争制高点的全新赛场，如美国提出"先进制造业伙伴计划"、"制造业创新网络计划"、德国倡导"工业4.0战略"、英国强调"工业2050战略"、法国制订"新工业计划"、日本发布"制造业白皮书"等。我国也适应这一发展趋势，提出了"中国制造2025"。虽然各国发展智能制造的战略规划各有侧重，但推动制造业向数字化、网络化、智能化发展是同一个主攻方向，其目的是改变传统的制造业存量竞争态势，占据新一轮产业竞争的先机。

江苏省是我国经济大省、制造大省。近年来，江苏贯彻落实制造强国战略，坚定聚焦智能制造方向，加强政策支持、推动技术创新、加快推广应用、推进国际合作、优化营商环境，形成了智能制造发展的浓厚氛围，成为智能制造发展的一方热土。江苏在全国率先出台《中国制造2025江苏行动纲要》，制定了《关于加快培育先进制造业集群的指导意见》《江苏省"十三五"智能制造发展规划》《关于推进制造业与互联网融合发展的实施意见》等一系列促进智能制造的规划、政策和措施，构建了从制造、产品到服务的全价值链政策体系；江苏实施高档数控机床、工业机器人、智能成套装备等一批高端装备研制赶超项目，智能控制、通信协议、协同处理等领域的一批关键核心技术取得突破并实现产业化，工业应用、能源管控、故障诊断等自主配套软件发展水平显著提升，增强了行业话语权和核心竞争力；江苏全面启动智能制造示范工厂试点培育工作，推广应用了大规模定制、网络协同制造、远程运维服务等一批智能制造新模式，累计创建536个省级示范智能车间，39个项目入选了国家智能制造综合标准化与新模式应用项目，19个项目入选国家智能制造试点示范，成为国家智能制造示范区域；江苏通过示范应用带动相关产业发展，工业机器人、增材制造、工业传感器等新兴产业快速发展壮大，一大批创新型企业茁壮成长，2017年云计算与大数据产业实现业务收入3350亿元，培育了一批新增长点；江苏加快宽带网络提档升级，加强"工业宽带＋工业云＋工业智能终端"信息基础设施建设，推进宽带网络进企业、入车间、联设备、拓市场，积极搭建智能制造、精准营销、能耗管理等工业互联网平台，加强了信息基础支撑能力。在发展智能制造方面，江苏率先实践、积极探索，积累了不少成功的做法和经验，值得全面总结和向全国推广。

为了打造"江苏智造"品牌，自2016年以来，江苏省政府

序

联合工信部、中国工程院、中国科协等国家部委和单位，连续3年举办世界智能制造大会，关注度、影响力不断提高。几次大会都盛情邀请了我出席，由此结识了作为大会组委会牵头人的王志忠同志。志忠同志既是管理学博士，也是学者型官员，在江苏省政府长期从事宏观经济和工业经济工作，多年来一直对制造业发展特别是智能制造潜心研究，积累了不少研究成果，出版、发表了一批学术专著。而且，志忠同志的研究视角，有别于一般学者或技术专家，更加注重制度设计和政策研究，具有鲜明的实践操作性和指导性特点。《江苏智能制造发展战略》立足江苏样本，放眼发展前沿，全面梳理了近年来江苏智能制造的进展，系统总结了江苏智能制造取得的成绩和积累的经验，并分析了存在的问题，提出了措施建议。书中包含的数据、政策和经验做法，能够为广大读者全方位了解智能制造在江苏的发展提供翔实资料，也能够为国家有关部委和单位、其他兄弟省市制定智能制造发展政策提供参考依据。希望这本书的出版，能够进一步凝聚社会共识，聚焦创新资源，促进我国智能制造发展，加快制造强国建设步伐。

是为序。

清华大学副校长、中国工程院院士

2018年12月28日

内容提要

江苏省作为全国制造业第一大省,要实现制造大省到制造强省的转变、江苏制造向江苏创造的跨越,推动经济发展质量变革、效率变革、动力变革,大力推进和发展智能制造是必由之路。近年来,江苏贯彻落实中央制造强国战略,智能制造发展的目标规划、任务框架、工作体系逐步建立,试点示范顺利推进,产业水平显著提高,已成为全国乃至全球范围内智能制造的一片热土。与此同时,产业政策和标准体系供给有待加强,关键核心技术受制于人的局面尚未根本改变,人才紧缺矛盾日益突出,发展新动能尚难接续。遵循问题导向,本书在深入剖析江苏智能制造发展现状和存在问题的基础上,回顾梳理了世界智能制造发展趋势、发达国家及国内先进省份的经验做法,深刻阐述了下一步推进江苏智能制造发展的指导思想、基本原则、实施"三步走"目标定位,系统提出了重点实施的创新突破、全产业链整合、服务能力提升、人才培养、开放合作五大工程,积极探索了围绕技术装备、试点示范、工业互联网、多方合作、区域协同五个方面的实施路径,并详细拟定了有针对性的保障机制,为推动江苏制造业转型升级、建设具有国际竞争力的先进制造业基地、实现工业经济高质量发展建言献策。

当今世界,正在经历一场更大范围、更深层次的科技革命和产业变革,互联网、大数据、人工智能等现代信息技术不断取得突破，数字经济蓬勃发展，智能制造已成为未来制造业发展的重大趋势和核心内容。习近平总书记在党的十九大报告中指出："加快发展先进制造业，推动互联网、大数据、人工智能和实体经济深度融合"。2018 年 5 月，习近平总书记在两院院士大会上进一步指出，要"以智能制造为主攻方向推动产业技术变革和优化升级，推动制造业产业模式和企业形态根本性转变"。2018 年 9 月，习近平总书记在东北三省考察时强调，"制造业特别是装备制造业高质量发展是我国经济高质量发展的重中之重，是一个现代化大国必不可少的。现在，国际上单边主义、贸易保护主义上升，我们必须坚持走自力更生的道路。中国要发展，最终要靠自己。" 2018 年 12 月，习近平总书记在中央经济工作会议上再次对坚定不移建设制造强国作出部署，要求增强制造业技术创新能力，构建开放、协同、高效的共性技术研发平台，健全需求为导向、企业为主体的产学研一体化创新机制，推动制造业高质量发展。《中国制造 2025》将智能制造作为主攻方向，推出了一系列支持举措。江苏是中国制造 2025 的先行区、示范区，必须大力推进智能制造，以实现制造大省到制造强省的转变，推动制造业高质量发展迈上新的台阶。本书在系统总结全球智能制造发展规律、全面展望智能制造未来技术走势和产业趋势的基础上，立足江苏实际，深入剖析江苏发展智能制造的基础优势、工作成效和存在不足，进而提出江苏打造世界智能制造高地的目标、路径和措施。

目 录

第一章　智能制造内涵特征与发展进程　　1
　　第一节　智能制造的理论概述　　4
　　第二节　智能制造的实践特征　　13
　　第三节　智能制造的典型模式　　30

第二章　发达国家及我国先进省份智能制造发展方略和部署举措　　37
　　第一节　发达国家发展战略　　40
　　第二节　我国总体战略布局　　54
　　第三节　先进省份主要举措　　68
　　第四节　对江苏制造的启示　　74

第三章　江苏智能制造发展现状与战略意义　　91
　　第一节　江苏智能制造发展现状　　94
　　第二节　江苏创办世界智能制造大会　　110
　　第三节　江苏发展智能制造的战略意义　　126

第四章　江苏智能制造发展目标定位与路径选择　　133
　　第一节　江苏智能制造发展的指导思想　　136
　　第二节　江苏智能制造发展的基本原则　　137

  第三节 江苏智能制造发展的目标定位 139

  第四节 江苏智能制造发展的主攻方向 142

  第五节 江苏智能制造发展的实施路径 150

  第六节 江苏智能制造发展的重点工程 180

第五章 江苏智能制造发展的保障机制与支持政策 187

  第一节 强化顶层设计 194

  第二节 优化发展生态 200

  第三节 提供人才保障 213

  第四节 强化要素保障 221

附 录 本人的相关研究成果 231

  建设"智慧江苏" 推动转型升级 233

  如何全面实施企业互联网化提升计划 239

  以新面貌迎接实体经济发展新春天 245

  在2017世界智能制造大会新闻发布会上的讲话 250

  在2018世界智能制造大会新闻发布会上的讲话 261

参考文献 275

后记 279

第一章
智能制造内涵特征与发展进程

第一章

智能制造内涵特征与发展进程

何谓智能制造？综合已有研究成果，我们认为，智能制造是：面向产品的全生命周期，以新一代信息技术为基础，以制造系统为载体，在其关键环节或过程，具有一定自主性的感知、学习、分析、决策、通信与协调控制能力，能动态地适应制造环境的变化，从而实现某些优化目标。智能制造具有生产设备网络化、生产数据可视化、生产文档无纸化、生产过程透明化、生产现场无人化等鲜明特征。在智能制造企业的生产现场，数控加工中心、智能机器人和三坐标测量仪及其他所有柔性化制造单元进行自动化排产调度，工件、物料、刀具进行自动化装卸调度，可以达到无人值守的全自动化生产模式。

智能制造是未来制造业的发展方向，是制造过程智能化、生产模式智能化和经营模式智能化的有机统一。智能制造能够对制造过程中的各个复杂环节（包括用户需求、产品制造和服务等）进行有效的管理，从而更加高效地制造出符合用户需求的产品。在制造这些产品的过程中，智能化的生产线让产品能够"了解"自己的制造流程，同时深度"感知"制造过程中的设备装备、制造进度等，协助推进生产过程。

要实现智能制造，必须让用户、机器和资源之间自然的沟通和协作。因此，智能制造不仅会成为未来制造业的核心，也将会带来传统价值链和商业模式的深刻变革。

第一节 智能制造的理论概述

智能制造的概念最早由欧美日等发达经济体于20世纪80年代末提出，由于制造技术、信息技术、网络技术等不断发展，关于智能制造的概念和内涵，也处在不断变化、充实和完善之中。目前，智能制造概念主要经历了以下发展阶段，尚无公认定义。

21世纪以来，随着物联网、大数据、云计算等新一代信息技术的快速发展及应用，智能制造被赋予了新的内涵，即新一代信息技术条件下的智能制造（smart manufacturing）。2010年9月，美国在华盛顿举办的"21世纪智能制造的研讨会"指出，智能制造是对先进智能系统的强化应用，使得新产品的迅速制造、产品需求的动态响应以及对工业生产和供应链网络的实时优化成为可能。2012年美国通用公司提出"工业互联网（industrial internet）"，通过它将智能设备、人和数据连接起来，并以智能的方式分析这些交换的数据，从而帮助人们和设备作出更智慧的决策。"工业互联网"强调智能设备（intelligent devices）、智能系统（intelligent systems）和智能决策（intelligent decisioning）三要素的整合。2013年4月在汉诺威工业博览会上，德国政府宣布

第一章

智能制造内涵特征与发展进程

启动"工业4.0（Industry 4.0）"国家级战略规划，通过利用信息—物理系统（cyber-physical systems，CPS），实现由集中式控制向分散式增强型控制的基本模式转变，其目标是建立高度灵活的个性化和数字化的产品与服务的生产模式，推动现有制造业向智能化方向转型。"工业4.0"中强调智能生产（smart production）和智能工厂（smart factory）。

我国智能制造研究开始于20世纪90年代[①]。从机械工程学角度看，宋天虎认为智能制造未来应该包含对工作环境的自动识别和判断，对现实工况作出快速反应，制造实现与人和社会的相互交流。杨叔子和吴波认为智能制造系统通过智能化和集成化的手段来增强制造系统的柔性和自组织能力，提高快速响应市场需求变化的能力。熊有伦等认为智能制造的本质是应用人工智能理论和技术解决制造中的问题，智能制造的支撑理论是制造知识和技能的表示、获取、推理，而如何挖掘、保存、传递、利用制造过程中长期积累下来的大量经验、技能和知识是现代企业亟须解决的问题。卢秉恒和李涤尘认为智能制造应具有感知、分析、推理、决策、控制等功能，是制造技术、信息技术和智能技术的深度融合。从经济学角度看，黄群慧、贺俊指出，智能制造在产业或经济的层面使市场竞争的资源基础、产业竞争范式以及国家之间产业竞争格局发生了的深刻变革。它将改变企业核心竞争力所依赖的资源基础；重塑国际产业分工格局，后发国家必须寻求新

---

① 姚丽媛、王健：《智能制造特点与典型模式研究》，载于《智慧中国》2017年第10期。

的产业赶超路径。左世全认为，制造业数字化、智能化可使产品性能产生质的飞跃，有效提高产品设计质量与效率，大大提高加工质量、效率与柔性，有效降低资源与能源消耗，使企业资源实现最优化。同时，使产品制造模式、生产组织模式以及企业商业模式等众多方面发生根本性的变化，它将引发制造业的革命性变化。吕铁和韩娜指出，智能制造将推动制造业生产方式变革，促进全球供应链管理创新，引领制造业服务化转型，加速制造企业成本再造。

2015年，我国正式发布《中国制造2025》，在"战略任务和重点"一节中，明确提出"加快推动新一代信息技术与制造技术融合发展，把智能制造作为'两化'融合的主攻方向；着力发展智能装备和智能产品，推进生产过程智能化；培育新型生产方式，全面提升企业研发、生产、管理和服务的智能化水平"。

一、智能制造的定义

结合上述智能制造不同发展阶段和不同角度的定义，从智能制造的本质特征出发，智能制造的定义可以归纳为"面向产品的全生命周期，以新一代信息技术为基础，以制造系统为载体，在其关键环节或过程，具有一定自主性的感知、学习、分析、决策、通信与协调控制能力，能动态地适应制造环境的变化，从而实现某些优化目标"。主要包括智能制造技术（intelligent manufacturing technology，IMT）与智能制造系统（intelligent manufacturing system，IMS）。

1. 智能制造技术

智能制造技术是指一种利用计算机模拟制造专家的分析、判断、推理、构思和决策等智能活动，并将这些智能活动与智能机器有机融合，使其贯穿应用与制造企业的各个子系统（如经营决策、采购、产品设计、生产计划、制造、装配、质量保证和市场销售等）的先进制造技术。该技术能够实现整个制造企业经营运作的高度柔性化和集成化，取代或延伸制造环境中专家的部分脑力劳动，并对制造业专家的智能信息进行收集、存储、完善、共享、继承和发展，从而极大地提高生产效率。

2. 智能制造系统

智能制造系统是一种由部分或全部具有一定自主性和合作性的智能制造单元组成的、在制造活动全过程中表现出相当智能行为的制造系统。其最主要的特征在于工作过程中对知识的获取、表达与使用。根据其知识来源，智能制造系统可分为两类：（1）以专家系统为代表的非自主式制造系统。该类系统的知识由人类的制造知识总结归纳而来。（2）建立在系统自学习、自进化与自组织基础上的自主型制造系统。该类系统由于具有强大的适应性以及高度开放的创新能力，可以在工作过程中不断自主学习、完善与进化自有的知识。随着以神经网络、遗传算法与遗传编程为代表的计算机智能技术的发展，智能制造系统正逐步从非自主式智能制造系统向具有自学习、自进化与自组织的具有持续发展能力的自主式智能制造系统过渡发展。

二、智能制造标准化参考模型

智能制造对制造业的影响主要表现在三个方面，分别是智能制造系统、智能制造装备和智能制造服务，涵盖了产品从生产加工到操作控制再到客户服务的整个过程[①]。智能制造的本质是实现贯穿三个维度的全方位集成，包括企业设备层、控制层、管理层等不同层面的纵向集成，跨企业价值网络的横向集成，以及产品全生命周期的端到端集成。标准化是确保实现全方位集成的关键途径，结合智能制造的技术架构和产业结构，可以从系统架构、价值链和产品生命周期三个维度构建智能制造标准化参考模型，帮助我们认识和理解智能制造标准化的对象、边界、各部分的层次关系和内在联系。智能制造标准化参考模型如图 1 – 1 所示。

---

① 德州学院、青岛英谷教育科技股份有限公司：《智能制造导论》，西安电子科技大学出版社 2016 年版。

第一章

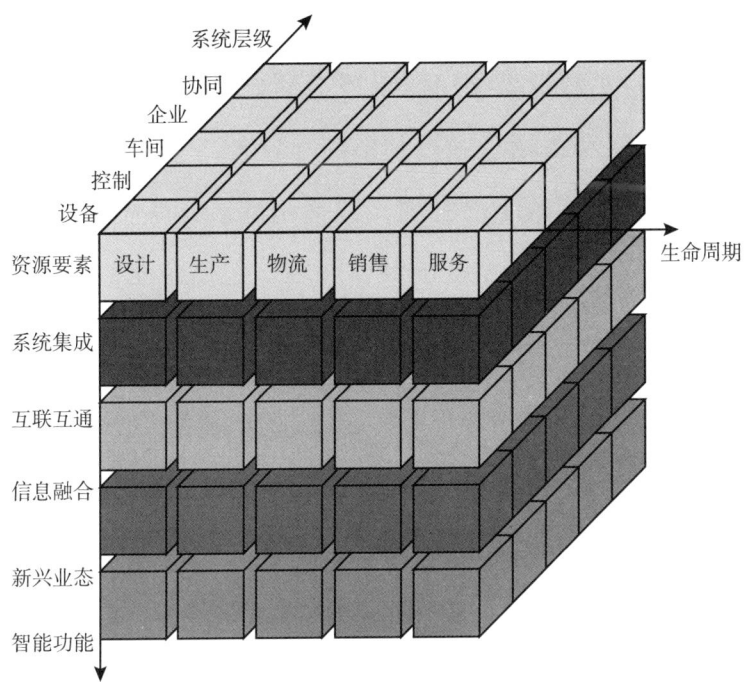

智能制造内涵特征与发展进程

图 1-1 智能制造标准化参考模型

1. 生命周期

生命周期是由设计、生产、物流、销售、服务等一系列相互联系的价值创造活动组成的链式集合。生命周期中各项活动相互关联、相互影响。不同行业的生命周期构成不尽相同。

2. 系统层级

系统层级自上而下共五层，即设备层、控制层、车间层、企业层和协同层。智能制造的系统层级体现了装备的智能化、互联网协议（IP）化，以及网络的扁平化趋势。（1）设备层级包括传感器、仪器仪表、条码、射频识别、机器、机械和装置等，是企

9

业进行生产活动的物质技术基础。（2）控制层级包括可编程逻辑控制器（PLC）、数据采集与监视控制系统（SCADA）、分布式控制系统（DCS）和现场总线控制系统（FCS）等。（3）车间层级实现面向工厂/车间的生产管理，包括制造执行系统（MES）等。（4）企业层级实现面向企业的经营管理，包括企业资源计划系统（ERP）、产品生命周期管理（PLM）、供应链管理系统（SCM）和客户关系管理系统（CRM）等。（5）协同层级由产业链上不同企业通过互联网络共享信息来实现协同研发、智能生产、精准物流和智能服务等。

3. 智能功能

智能功能包括资源要素、系统集成、互联互通、信息融合和新兴业态五层。（1）资源要素包括设计施工图纸、产品工艺文件、原材料、制造设备、生产车间和工厂等物理实体，也包括电力、燃气等能源。此外人员也可视为资源的一个组成部分。（2）系统集成是指通过二维码、射频识别、软件等信息技术集成原材料、零部件、能源、设备等各种制造资源，由小到大实现从智能装备到智能生产单元、智能生产线、数字化车间、智能工厂，乃至智能制造系统的集成。（3）互联互通是指通过有线、无线等通信技术，实现机器之间、机器与控制系统之间、企业之间的互联互通。（4）信息融合是指在系统集成和通信的基础上，利用云计算、大数据等新一代信息技术，在保障信息安全的前提下，实现信息协同共享。（5）新兴业态包括个性化定制、远程运维和工业云等服务型制造模式。

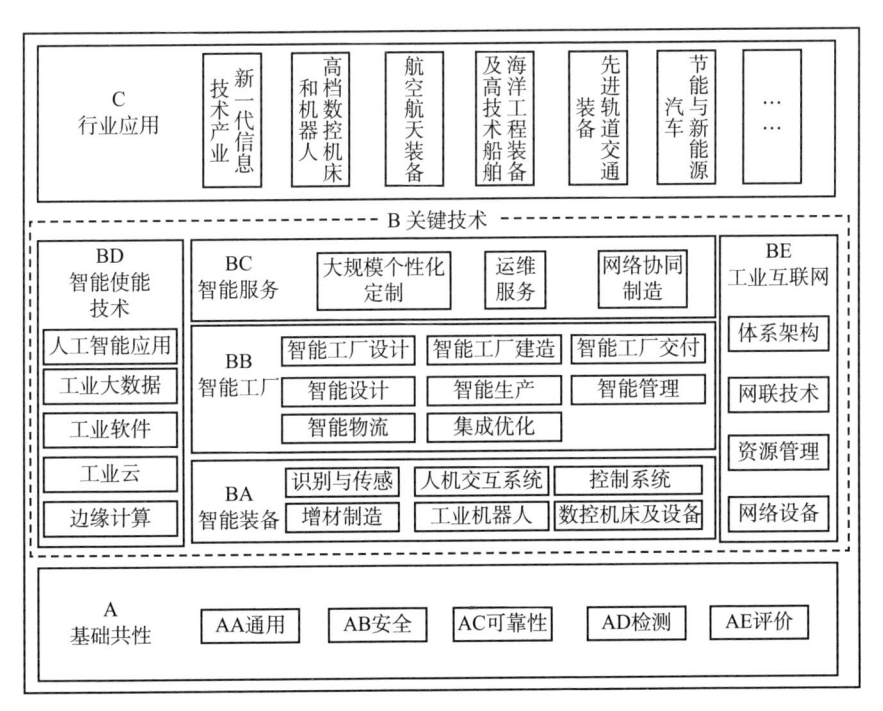

三、智能制造标准体系框架

智能制造标准体系结构包括 A 基础共性、B 关键技术、C 重点行业三个部分,主要反映标准体系各部分的组成关系。智能制造标准体系结构如图 1-2 所示。

图 1-2 智能制造标准体系结构

资料来源:《工业和信息化部 国家标准化管理委员会关于印发国家智能制造标准体系指南(2018年版)的通知》。

具体而言,A 基础共性标准包括基础、安全、管理、检测评价和可靠性五大类，位于智能制造标准体系结构图的最底层，其研制的基础共性标准支撑着图 1-2 中上层虚线框内 B 关键技术标准和 C 重点行业；BA 智能装备标准位于智能制造标准体系结构图的 B 关键技术标准的最底层，与智能制造实际生产联系最为紧密；在 BA 智能装备标准之上的是 BB 智能工厂标准，是对智能制造装备、软件、数据的综合集成，该标准领域在智能制造标准体系结构图中起着承上启下的作用；BC 智能服务标准位于 B 关键技术标准的顶层，涉及对智能制造新模式和新业态的标准研究；BD 工业软件和大数据标准与 BE 工业互联网标准分别位于智能制造标准体系结构图的 B 关键技术标准的最左侧和最右侧，贯穿 B 关键技术标准的其他 3 个领域（BA、BB、BC），打通物理世界和信息世界，推动生产型制造向服务型制造转型；C 重点行业标准位于智能制造标准体系结构图的最顶层，面向行业具体需求，对 A 基础共性标准和 B 关键技术标准进行细化和落地，指导各行业推进智能制造。

第二节 智能制造的实践特征

一、智能制造的主要特点

在精确化、服务化、社会化的市场需求驱动下,智能制造主要呈现出以下特点[①]。

1. 生产过程高度智能

智能制造在生产过程中能够自我感知周围环境,实时采集、监控生产信息。智能制造系统中的各个组成部分能够依据具体的工作需要,自我组成一种超柔性的最优结构并以最优的方式进行自组织,以最初具有的专家知识为基础,在实践中不断完善知识库,遇到系统故障时,系统具有自我诊断及修缮能力。智能制造能够对库存水平、需求变化、运行状态进行反应,实现生产的智能分析、推理和决策。

[①] 姚丽媛、王健:《智能制造特点与典型模式研究》,载于《智慧中国》2017年第10期。

2. 资源的智能优化配置

信息网络具有开放性、信息共享性，由信息技术与制造技术融合产生的智能化、网络化的生产制造可跨地区、跨地域进行资源配置，突破了原有的本地化生产边界。制造业产业链上的研发企业、制造企业、物流企业通过网络衔接，实现信息共享，能够在全球范围内进行动态的资源整合，生产原料和部件可随时随地送往需要的地方。

3. 控制系统化

智能制造基于数字技术，并结合知识的处理、智能优化以及智能数控加工方法，保证整个制造系统的高效、稳定运行，保证生产制造的效率。同传统制造系统相比，智能制造处理的对象是系统的知识而并非数据，系统处理的方法是智能灵活的；建模的方式是智能数学的方法，而不是经典数学（微积分）的方法。近年来，利用智能数学研发的方法数量繁多，包括专家系统、模式识别、博弈论、定性推理、多值逻辑、数据挖掘、网格计算等智能方法，将这些方法进行重新组合，能够形成新的计算方法，以极大地扩展智能制造领域，因此智能数学方法的系统建立仍是未来智能制造的研发重点。

4. 产品高度智能化、个性化

智能制造产品通过内置传感器、控制器、存储器等技术具有

第一章
智能制造内涵特征与发展进程

自我监测、记录、反馈和远程控制功能。智能产品在运行中能够对自身状态和外部环境进行自我监测,并对产生的数据进行记录,对运行期间产生的问题自动向用户反馈,用户可以据此对产品的全生命周期进行控制管理。产品智能设计系统通过采集消费者的需求进行设计,用户在线参与生产制造全过程成为现实,极大地满足了消费者的个性化需求。制造生产从先生产后销售转变为先定制后销售,避免了产能过剩。

二、智能制造与传统制造的异同

智能制造是一种由智能机器和人类专家共同组成的人机一体化智能系统,通过人与智能机器的合作共事,以扩大、延伸和部分地取代人类专家在制造过程中的脑力劳动。它更新了制造自动化的概念,使其扩展到柔性化、智能化和高度集成化。智能制造与传统制造的异同点主要体现在产品的设计、产品的加工、制造管理及产品服务等几个方面,具体如表1-1所示。

表1-1 智能制造与传统制造的异同

分类	传统制造	智能制造	智能制造的影响
设计	(1) 常规产品; (2) 面向功能需求设计; (3) 新产品周期长	(1) 虚实结合的个性化设计,个性化产品; (2) 面向客户需求设计; (3) 数值化设计,周期短,可实时动态改变	(1) 设计理念与使用价值观的改变; (2) 设计方式的改变; (3) 设计手段的改变; (4) 产品功能的改变

续表

分类	传统制造	智能制造	智能制造的影响
加工	(1) 加工过程按计划进行； (2) 半智能化加工与人工检测； (3) 生产高度集中组织； (4) 人机分离； (5) 减材加工成型方式	(1) 加工过程柔性化，可实时调整； (2) 全过程智能化加工与在线实时监测； (3) 生产组织方式个性化； (4) 网络化过程实时跟踪； (5) 网络化人机交互与智能控制； (6) 减材、增材多种加工成型方式	(1) 劳动对象变化； (2) 生产方式的改变； (3) 生产组织方式的改变； (4) 生产质量监控方式的改变； (5) 加工方法多样化； (6) 新材料、新工艺不断出现
管理	(1) 人工管理为主； (2) 企业内管理	(1) 计算机信息管理技术； (2) 机器与人交互指令管理； (3) 延伸到上下游企业	(1) 管理对象变化； (2) 管理方式变化； (3) 管理手段变化； (4) 管理范围扩大
服务	产品本身	产品全生命周期	(1) 服务对象范围扩大； (2) 服务方式变化； (3) 服务责任增大

三、智能制造技术特征

智能制造通过把产品、机器、资源和人有机联系在一起，推动各环节数据共享，从而实现产品的全生命周期管理。因此，智能制造是在制造业自动化、智能化、信息化和网络化基础上建立的，是智能硬件（嵌入式技术）、物联网、工业互联网、工业云、大数据和信息网络技术等重要技术在工业生产过程中的应用[1]。

---

[1] 德州学院、青岛英谷教育科技股份有限公司：《智能制造系统》，西安电子科技大学出版社2016年版。

第一章

智能制造内涵特征与发展进程

1. 自动化制造

自动化制造包括刚性制造和柔性制造。

（1）刚性制造。"刚性"是指该生产线只生产一种或工艺相近的一类产品。刚性制造包括刚性半自动化单机、刚性自动化单机、刚性自动化生产线三种表现形式。

①刚性半自动化单机，是指除上、下料以外，可以自动完成单个工艺过程加工循环的机床。这种机床一般是机械或电液复合控制式的组合机床或专用机床，可以进行多面、多轴、多刀同时加工，加工设备按工件的加工工艺顺序依次排列；切削刀具由人工安装、调整，实行定时强制换刀，如果出现刀具破损、折断，可进行应急换刀；适用于产品品种变化范围和生产批量都较大的制造系统。缺点是调整工作量大，加工质量较差，工人的劳动强度也大。

②刚性自动化单机，是在刚性半自动化单机的基础上，增加自动上、下料等辅助装置而形成的自动化机床，同样可以完成单个工艺过程的全部加工循环。辅助装置包括自动工件输送、上料、下料、自动夹具、升降装置和转位装置等；切屑处理一般由刮板器和螺旋传送装置完成。这种机床往往需要定做或改装，常用于品种变化很小，但生产批量特别大的场合。主要特点是投资少、见效快，是大量生产最常见的加工装备。

③刚性自动化生产线，是用工件输送系统将各种自动化加工设备和辅助设备按一定的顺序连接起来，在控制系统的作用下完

成单个零件加工的复杂大系统。刚性自动化生产线是一种多工位生产过程，被加工零件以一定的节奏、顺序通过各个工作位置，自动完成零件预定的全部加工过程和部分检测过程。相比于刚性自动化单机，它的结构复杂，任务完成的工序多，因而生产效率也很高，是少品种、大量生产必不可少的加工装备。除此之外，刚性自动生产线还具备其他优点，包括有效缩短生产周期、取消半成品中间库存、缩短物料流程、减少生产面积、改善劳动条件以及便于管理等。

（2）柔性制造。"柔性"是指生产组织形式、生产产品及生产工艺的多样性和可变性，具体表现为机床的柔性、产品的柔性、加工的柔性以及批量的柔性等。依据自动化制造系统的生产能力和智能程度，柔性制造可分为柔性制造单元（FMC）、柔性制造系统（FMS）、柔性制造线（FML）、柔性装配线（FAL）、计算机集成制造系统（CIMS）等。

①柔性制造单元（flexible manufacturing cell，FMC）由单台数控机床、加工中心、工件自动输送及更换系统等组成，是实现单工序加工的可变加工单元。柔性制造单元内的机床在工艺能力上通常是相互补充的，可混流加工不同的零件。单元对外设有接口，可与其他单元组成柔性制造系统。

②柔性制造系统（flexible manufacturing system，FMS）由两台或两台以上加工中心或数控机床组成，并在加工自动化的基础上，实现了物料流和信息流的自动化，其基本组成部分包括自动化加工设备、工件储运系统、刀具储运系统、多层计算机控制系

第一章
智能制造内涵特征与发展进程

统等。

③柔性制造线（flexible manufacturing line，FML）由自动化加工设备、工件输送系统和控制系统等组成，主要适用于品种变化不大的中批和大批量生产。线上的机床以多轴主轴箱的换箱式和转塔式加工中心为主，工件变换以后，各机床的主轴箱可自动更换，同时调入相应的数控程序，生产节拍也会作出相应调整。

柔性制造线具有刚性自动线的绝大部分优点，且当批量不大时，生产成本比刚性自动线低，当品种改变时，系统所需的调整时间又比刚性自动线少，但建立的总费用却比刚性自动线高。因此为节省投资、提高系统运行效率，柔性制造线经常采用刚柔结合的形式，即生产线的一部分设备采用刚性专用设备（主要是组合机床），另一部分采用换箱或换刀式的柔性加工机床。

④柔性装配线（flexible assembly line，FAL）通常由以下几部分组成：装配站，既包括可编程的装配机器人，也包括不可编程的自动装配及人工装配工位；物料输送装置，即根据装配工艺流程，为装配线提供各种装配零件，使不同的零件与已装配的半成品合理地在各装配点间流动，同时还能将成品部件（或产品）运离现场；控制系统，即对全线进行调度和监控，控制物料流向、装配站和装配机器人。

⑤计算机集成制造系统（computer intergrated manufacturing system，CIMS）是一种集市场分析、产品设计、加工制造、经营管理、售后服务于一体，借助于计算机的控制与信息处理功能，使企业运作的信息流、物质流、价值流和人力资源有机融合，实

现产品快速更新、生产率大幅提高、质量稳定、资金有效利用、损耗降低、人员合理配置、市场快速反馈和服务良好的全新企业生产模式。目前，各国的 CIMS 尚处于局部集成的低水平应用阶段，所需突破的关键因素主要有信息集成、过程集成和企业集成等。

信息集成。在设计、管理和加工制造的不同单元间实现信息正确、高效的共享和交换，是改善企业技术和管理水平必须首先解决的问题。解决这一问题首先要建立企业的系统模型，利用模型对企业各部分的功能关系、信息关系和动态关系进行科学的分析和综合，理顺企业的物质流、信息流、价值流与决策流之间的关系，这是企业信息集成的基础；其次，由于系统中包含了不同的操作系统、控制系统、数据库和应用软件，且各系统间可能使用不同的通信协议，因此信息集成还要处理好信息之间的接口问题。

过程集成。企业为了实现 T（效率）、Q（质量）、C（成本）、S（服务）、E（环境）等目标的提升，除信息集成这一手段外，还必须处理好过程间的优化与协调。过程集成要求将产品开发、工艺设计、生产制造、供应销售中的各串行过程尽量转变为并行过程，如在产品设计时，就考虑到下游工作中的可制造性、可装配性、可维护性，并预见产品的质量与售后服务的内容等。过程集成还包括快速反应和动态调整，即当某一过程出现未预见的偏差时，相关过程会及时调整规划和方案。

企业集成。CIMS 的全球化目标是充分利用全球的物质资源、信息资源、技术资源、制造资源、人才资源和用户资源，满足以人为核心的智能化和以用户为中心的产品柔性化，而企业集成则是解决相关的资源共享、资源优化、信息服务、虚拟制造、并行工程、网络平台等方面问题的关键技术方案。

2. 智能化制造——工业机器人

智能制造离不开智能装备，而在未来，智能装备中应用得最广泛的即为工业智能机器人。1987年，国际标准化组织对工业机器人进行了定义："工业机器人是一种具有自动控制的操作和移动功能，能完成各种作业的可编程操作机"。综合来说，工业机器人是面向工业领域的多关节机械手或多自由度的机器装置，由机械本体、控制器、伺服驱动系统和检测传感装置构成，它能自动执行工作，靠自身的动力和控制能力实现各种设定的功能，它是综合了计算机、控制论、机构学、信息和传感技术、人工智能、仿生学等多学科而形成的高新技术，是当代研究十分活跃、应用日益广泛的领域。工业机器人的应用情况，是一个国家工业自动化水平的重要标志。

根据工业机器人的功能与使用的不同，可将其进行分类，如表1-2所示。

表1-2 机器人的类型简介

分类	简要介绍
操作型机器人	能自动控制，可重复编程，多功能，有数个自由度，可固定或运动
程控型机器人	按预先要求的顺序及条件，依次控制机器人的机械动作

续表

分类	简要介绍
示教再现型机器人	通过引导教会机器人动作，使机器人自动重复进行作业
数控型机器人	不必使机器人动作，通过数值、语言对机器人进行示教，使机器人作业
感觉控制型机器人	利用传感器获取的信息控制机器人的动作
适应控制型机器人	机器人能适应环境的变化，控制其自身的行动
学习控制型机器人	机器人能"体会"工作的经验，具有一定的学习能力，并将所学用于工作
智能机器人	以人工智能决定其行动的机器人

工业机器人具有四个显著特点：

（1）可自我再编程。生产自动化的进一步发展就是集成化、柔性化。而工业机器人可随作业任务变化进行自我再编程，因此能在小批量、多品种且具有均衡高效率的柔性制造过程中发挥很好的功用，是柔性制造系统中的一个重要组成部分。

（2）拟人化。工业机器人在机械上有类似人的大臂、小臂、腿脚、手腕等结构，在控制上有类似人类大脑的计算机。此外，智能化工业机器人还有许多类似人类的"生物传感器"，如皮肤型接触传感器、力传感器、负载传感器、视觉传感器、声觉传感器、语言功能模块等。传感器提高了工业机器人对周围环境的自适应能力。

（3）通用性。除专门设计的特种工业机器人外，一般的工业机器人具有较好的通用性。如更换工业机器人手部末端操作器（手爪、工具等）便可执行不同的作业任务。

（4）机电一体化。工业机器人技术涉及的学科广泛，但归结起来主要是机械运动学和维电子学的结合。智能机器人不仅具有获取外部环境信息的各种传感器,还具有记忆能力、语言理解能力、图像识别能力、推理判断能力等人工智能,这些都与微电子技术特别是计算机技术的应用密切相关。因此,机器人技术的发展必将带动其他技术的发展,机器人技术的发展应用水平也可以验证一个国家科学技术和工业技术的发展水平。

我国工业机器人起步于1970年,大致经历了萌芽期、开发期、适用期三个阶段。虽然我国的工业机器人产业在不断进步中,但与国际同行相比,差距依旧明显,市场占有率更是无法相提并论。工业机器人的很多核心技术,我们当前尚未掌握,这是制约我国机器人产业发展的一个重要"瓶颈"。

随着人工成本的不断上涨,工业机器人正逐步走进公众视野。我们认为,人口红利的持续消退,给中国的机器人产业带来了重大的发展机遇,在国家政策的支持下,工业机器人产业有望迎来爆发期。

3. 网络化制造——物联网

物联网(internet of things,IoT)是智能制造的一个重要领域。所谓物联网,是指利用局部网络或互联网等通信技术,把传感器、控制器、机器、人员和物等通过新的方式相互联结在一起,实现信息化、远程管理控制和智能化的网络。简言之,就是物物相连的互联网。物联网是互联网的延伸与拓展,它拥有互联网上所有的资源,并且物联网中的所有元素(包括设备、资源及通信等)都是个性化和私有化的。

物联网以智能感知、识别与计算机计算等通信感知技术为主要形式,广泛应用于网络融合中,是新一代信息技术的重要组成部分,也是信息化时代的重要发展阶段,被称为继计算机、互联网之后世界信息产业发展的第三次浪潮。物联网作为互联网应用的拓展,与其说是一种网络,不如说是一系列业务和应用的集合。因此,应用创新是物联网发展的核心,而以用户体验为核心的创新2.0则是物联网发展的灵魂。

物联网应用中的关键技术有三项。

(1) 传感器技术。传感器技术是计算机应用中的关键技术。因为到目前为止绝大部分计算机处理的都是数字信号,必须用传感器把模拟信息转换成数字信号,计算机才能处理。

(2) 射频识别技术。射频识别技术也是一种传感器技术,它融合无线射频技术和嵌入式技术于一体,在自动识别、物品物流管理方面有着广阔的应用前景。

(3) 嵌入式系统技术。嵌入式系统技术是一种综合了计算机软硬件、传感器技术、集成电路技术、电子应用技术的复杂技术。经过几十年的发展,以嵌入式系统为特征的智能终端产品已经随处可见,小到人们身边的触屏手机,大到航空航天的卫星系统。嵌入式系统正在改变着人类的生活,推动着工业及国防的发展。

如果把物联网比喻为人体,传感器相当于人的眼睛、鼻子、皮肤等感官,网络是用来传递信息的神经系统,嵌入式系统则是人的大脑,负责分类处理接收到的信息。这个比喻形象地阐明了传感器、网络与切入式系统三者在物联网中的地位及作用。

物联网用途广泛，遍及智能交通、环境保护、政府工作、公共安全、平安家居、智能消防、工业监测、环境监测等多个领域。它将成为下一个推动世界高速发展的重要生产力，成为继通信网之后的另一个万亿级市场。

在制造业领域，利用物联网可以建立一个涵盖制造全过程的网络，将工厂环境向智能化转换，建设成智能工厂，实现从自动化生产到智能生产的转变升级。生产线上的所有产品都将集成动态数字存储器，承载整个供应链和生命周期中的各种必需信息，具备感知和通信能力，从而进一步打通生产与消费的通道。

4. 协同制造——工业互联网

工业互联网是指全球工业系统与高级计算、分析、感应技术以及互联网的连接融合。它通过智能机器间的连接及最终的人机间连接，结合软件和大数据分析，重构全球工业布局，激发生产力，让世界工业生产更快速、更安全、更清洁、更经济。工业互联网具有空前的巨大经济效益，假设发展情况和互联网大潮时期类似，到 2030 年，工业互联网革命将为全球国内生产总值（GDP）带来 15 万亿美元的经济收入，而这一切仅仅来源于生产力微小的提升，因此，即使只提升 1% 的生产率，其潜藏的上升空间也是巨大的。

工业互联网持续稳健的发展，需要具备坚实的技术基础，如图 1-3 呈现的那样，最基础的是工业互联网标准和系统安全。

不同于已经成熟的商业互联网和人际互联网，工业互联网相关的技术标准还远远没有成型，不同技术阵营之间的博弈和争夺仍在激烈展开。系统安全领域也是一个薄弱环节，这阻碍了工业互联网的开放与数据交流。在未来，各国的工业及科研机构仍然需要围绕设计技术标准和建立系统安全共识开展大量的工作，而且这是最为基础的技术工作。

工业互联网对现代工业生产有着重大意义，它把"互联网思维"应用到了产品设计、制造、应用和服务的全过程，实现了生产人员、机器和数据的有效连接与融合，从而达到资源配置最优、生产成本最低且产品品质最佳的目的。因此，工业互联网将有可能帮助我们突破过去二三十年来持续困扰西方国家的增长极限，帮助中国找到产业升级和转型的新抓手。

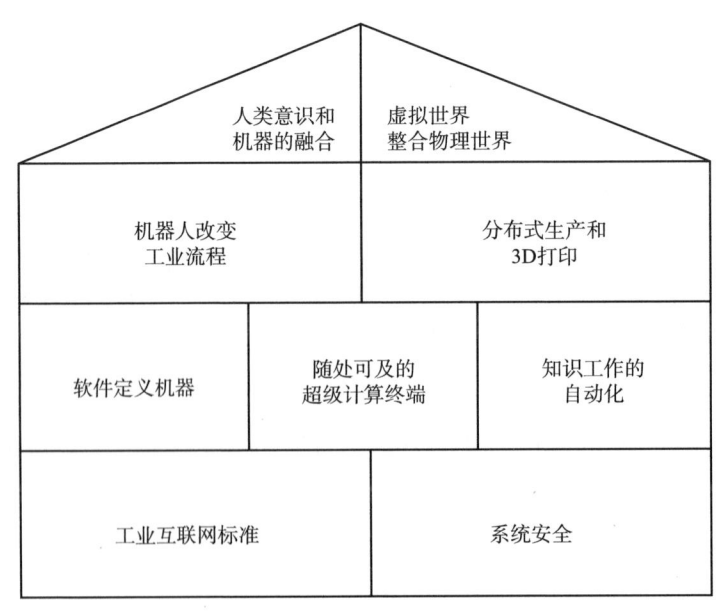

图1-3 工业互联网的技术要素

5. 预测型制造——工业大数据

未来的工业若要在全球市场中发挥竞争优势，工业大数据分析是关键领域。随着物联网和信息时代的来临，更多的数据被收集、分析，用于帮助管理者作出更明智的决策。智能制造时代的到来使得云计算、大数据不断地融入我们的生活当中。按《中国制造2025》中第一个十年纲领的规划，未来十年中，中国制造业将以"两化"融合为主，朝着智能制造方向跨步前行。但无论是智能制造抑或"两化"融合，工业大数据都是不可忽视的重点。

工业大数据并不是一种新生事物，而是早已有之，对它的分析应用主要经历了三个发展阶段，如表 1-3 所示。

表 1-3 工业大数据分析及应用的三个阶段

阶段	第一阶段 (1990~2000 年)	第二阶段 (2000~2010 年)	第三阶段 (2010 年至今)
核心技术	远程数据监控、数据采集与管理	大数据中心和数据分析软件	数据分析平台与高级数据分析工具
问题对象/价值	以产品为核心的状态监控，通过问题发生后的及时处理，帮助用户避免故障造成的损失	以使用为核心的信息服务，通过及时维修和预测型维护规避故障发生的风险	以用户为中心的平台式服务，实现了以社区为基础的用户主导的服务生态体系
商业模式	产品为主的附加服务	产品租赁体系和长期服务合同	按需的个性化自服务模式，分享经济
代表性企业和技术产品	GM Onstar™、OTIS REM™、GE Medical Insite	GE Aviation On-wing Support™、小松 Komtrax™、阿尔斯通 Track Tracer™、John-Deere FarmSight™	IMS NI LabVIEW based Watchdog Agent®、GE Predix 平台

工业大数据以工业系统的数据收集、特征分析为基础，对设备、装备的质量和生产效率以及产业链进行更有效的优化管理，并为未来的制造系统搭建可靠的环境。作为智能制造的一个重要特征，工业大数据兴起的决定因素主要有：（1）隐藏的设备控制器数据。设备自动化的过程中，控制器产生了大量的数据，然而这些数据所蕴藏的信息价值并没有被充分地挖掘。（2）廉价的通信传感技术。随着传感器技术和通信技术的发展，获取实时数据的成本已经不再高昂。（3）设备运算能力提升。嵌入式系统、低耗能半导体、处理器、云计算等技术的兴起，使得设备的运算能力大幅提升，具备了实时处理大数据的能力。（4）优化管理。制造流程和商业活动变得越来越复杂，依靠人的经验和分析已无法满足复杂的管理与协同优化的需求。

工业大数据具有六大特征，即 6V：Volume——量，非结构化数据的超大规模和快速成长；Velocity——速度，实时分析而非批量分析，数据产生于频繁的采集；Varirty——多样性，大数据的异构化与多样化；Veracity——真实性，避免在数据收集和提取中发生数据污染导致虚假信息；Visibility——可见性，通过大数据分析使以往不可见的因素和信息变得可见；Value——价值，通过大数据分析得到的信息应该被转换成价值。前 4 个 V 表征了大数据的现象，是工业"两化"融合发展到一定阶段的必然，后两个 V 则代表了工业界对大数据赋予的目的与意义。

与工业大数据兴起的决定因素相对应，当下工业环境中大数据的价值具体表现为：首先，通过挖掘数据，使原本隐性的问题变得显性，进而使不可见的风险得以规避；其次，大数据与先进的分析工具相结合可以实现产品的智能化升级，利用数据挖掘产生的信息，可以为客户提供全产品生命周期的增值服务；最后，通过数据能够找到用户价值的缺口，从而开拓新的商业模式。

工业大数据的分析形式主要有三种：（1）描述。基于统计分析，描述数据所反映的现象与客观规律。（2）规定。利用历史数据，建立分析模型、规范的分析流程及数据到信息的输入/输出关系，实现对连续数据流的事实分析。（3）预测。通过对数据的深层次挖掘，建立预测模型，实现对不可见因素当前及未来状态的预测。

第三节　智能制造的典型模式

《中国制造 2025》发布实施后，为推进智能制造发展，2015年，工业和信息化部启动了"智能制造试点示范专项行动"。该专项行动坚持立足国情、统筹规划、分类施策、分步实施的方针，以企业为主体、市场为导向、应用为核心，注重发挥企业积极性，注重点面结合，注重协同推进，注重基础与环境培育，通过聚焦制造关键环节，持续推进智能制造试点示范。通过对 2015年、2016 年 109 个先行先试的试点示范项目进行总结和梳理，归纳出九种典型模型[1]。

一、大规模个性化定制：满足用户个性化需求

在服装、纺织、家居、家电等消费品领域，探索形成了以满足用户个性化需求为引领的大规模个性化定制模式。主要做法是实现产品模块化设计、构建产品个性化定制服务平台和个

---

[1] 赛迪工业和信息化研究院：《中国智能制造新模式发展研究报告》。

第一章
智能制造内涵特征与发展进程

性化产品数据库,实现定制服务平台与企业研发设计、计划排程、供应链管理、售后服务等信息系统的协同与集成,典型企业包括青岛红领、佛山维尚、浙江报喜鸟、美克家居等。例如,青岛红领集团以超过200万名顾客的版型数据为基础,利用专用数据模型,形成了540个大类、3144个小类、1万多个设计要素组成的工艺数据库。通过服装个性化定制服务平台与终端消费者直接互动,公司净利润率从2011年的2.8%上升至2015年的27%[①]。

二、产品全生命周期数字一体化:缩短产品研制周期

在航空装备、汽车、船舶、工程机械等装备制造领域,探索形成了以缩短产品研制周期为核心的产品全生命周期数字一体化模式,主要做法是应用基于模型定义(MBD)技术进行产品研发、建设产品全生命周期管理系统(PLM)等,典型企业有中国商飞、中航工业西安飞行所、长安汽车、三一集团等。例如,中国商飞围绕C919飞机的研制,建立了基于模型的数字化产品研发平台和智能制造平台,实现产品研制周期缩短20%、产品不良品率降低25%、运营成本降低20%。

[①] 辛国斌:《智能制造探索与实践——46项试点示范项目汇编》,电子工业出版社2016年版。

三、柔性制造：快速响应多样化市场需求

在铸造、服装等领域，探索形成了快速响应多样化市场需求的柔性制造模式，主要做法是实现生产线可同时加工多种产品/零部件，车间物流系统实现自动配料，构建高级排产系统（APS），并实现工控系统、制造执行系统（MED）、ERP 之间的高效协同与集成，典型代表企业有宁夏共享、宁波慈星等。例如，宁夏共享集团应用数字化技术实现了对生产全过程的仿真模拟，以及设计、铸造、质量、基础信息的有效传递；基于三维组态技术和智能体技术，建立了工厂设备、生产、绩效评价等全流程数据采集和分析；基于 ERP、LIMS 等系统，实现了生产计划、车间作业计划、质量检验等集成闭环控制；基于物联网技术和智能装备，在关键工序建立通信管理、人机交互等系统。该项目的实施，使企业生产效率较之前提高 3 倍以上，产品合格率达 98%，每年增加利润 3000 万元左右。

四、互联工厂：打通企业运营的信息"孤岛"

在石化、钢铁、电子、家电等领域，探索形成了以打通企业运营信息"孤岛"为核心的智能工厂模式，主要做法是应用物联

网技术实现产品、物料等的唯一身份标识,生产和物流装备具备数据采集和通信等功能,构建了生产数据采集系统、MES 和 ERP,并实现这些系统之间的协同与集成,典型企业有海尔集团、九江石化、宝钢股份、东莞劲胜等。例如,海尔集团应用物联网技术实现了从企业、工厂、车间到设备的"物物互联",应用 SACDA 系统实时采集生产设备数据,构建海尔互动式制造执行系统(iMES)系统和 ERP 系统等。近两年,生产效率提升 20%、质量问题减少 10%、库存天数下降 9%、人员数量减少 30%,交货周期由 21 天缩短到 10 天。

五、产品全生命周期可追溯:提升产品质量管控能力

在食品、制药等领域,探索形成了以质量管控为核心的产品全生命周期可追溯模式,主要做法是让产品在全生命周期具有唯一标识,应用传感器、智能仪器仪表、工控系统等自动采集质量管理所需数据,通过 MES 系统开展质量判异和过程判稳等在线质量检测和预警等,典型代表企业有伊利集团、蒙牛乳业、康缘药业、丽珠制药等。例如,蒙牛乳业集团利用信息系统与数据采集技术,形成从原料、半成品、成品到销售终端的全链条"端到端"互联互通,随时可以查询物料走向和状态,实现质量报告自动生成,产品质量一键追溯。通过近一年的努力,生产效率提升 19.6%,产品不良品率降低 11.4%,运营成本降低 20%,能源

利用率提升16.7%。

六、全生产过程能源优化管理：提高能源资源利用率

在石化、有色、钢铁等行业，探索形成了以提高能源资源利用率为核心的全生产过程能源优化管理模式，主要做法是通过MES采集关键装备、生产过程、能源供给等环节的能效数据，构建能源管理系统（EMS）或MES中具有能源管理模块，基于实时采集的能源数据对生产过程、设备、能源供给及人员等进行优化，典型代表企业有九江石化、镇海炼化、江西铜业、唐钢公司等。例如，九江石化公司构建了能源综合监测系统，覆盖能源供、产、转、输、耗全流程；建立生产与能耗预测模型、产能优化模型；建立一体化能源管控中心平台，实现能源计划、能源生产、能源优化、能源评价的闭环管控。通过近三年的努力，生产效率提高20%，能源利用率提高4%。

七、网络协同制造：供应链上下游协同优化

在航空航天、汽车等领域，探索形成了以供应链优化为核心的网络协同制造模式，主要做法是建设跨企业制造资源协同平台，实现企业间研发、管理和服务系统的集成和对接，为接入企

业提供研发设计、运营管理、数据分析、知识管理、信息安全等服务，开展制造服务、资源的动态分析和柔性配置等，典型企业有西飞工业、潍柴动力、美的集团、泉州海天等。例如，西飞工业公司构建的飞机协同开发与云制造平台，实现了10家参研厂所和60多家供应商的协同开发。新一代涡桨支线飞机研制周期缩短20%，生产效率提高20%。

八、远程运维服务：提高装备/产品运维服务水平

在动力装备、电力装备、工程机械、汽车、家电等领域，探索形成了基于工业互联网的远程运维服务模式，主要做法是让智能装备/产品具备数据采集和通信等功能、建友智能装备/产品远程运维服务平台、专家库和专家系统以及实现运维服务平台与PLM、CRM、产品研发管理系统的协同与集成等，典型企业有陕鼓动力、金风科技、哈电机、博创智能等。例如，金风科技集团建立的风机远程运维服务平台，实现了风机和风电场的智能监控、故障诊断、预测性维护和远程专家支持，共管理超过1.5万台风机，维护成本比用传统方法减少20%~25%，故障预警准确率达91%以上，发电效益提高10%~15%。

九、智慧云制造：提高企业市场竞争能力

在航天科工、材料科技、工程技术等领域，探索形成了基于云平台的社会化协同制造模式，主要做法是基于泛在网络，以用户为中心，借助新兴制造技术、新兴信息技术、智能科学技术及制造应用领域技术等手段，将智慧制造资源与能力构建智慧服务云，使用户能随时随地按需获取智慧制造资源与能力，对制造全系统、全生命周期活动中的人、机、物、环境、信息进行自主智慧的感知、互联、协同、学习、分析、预测、决策、控制与执行，使制造全系统及全生命周期活动中的人/组织、经营管理、技术/设备及信息流、物流、资金流、知识流、服务流集成优化，进而高效、优质、低耗、柔性地制造产品和服务用户，提高企业的市场竞争能力，典型代表企业有航天智造、山东云科技、矿冶总院等。

第二章

发达国家及我国先进省份智能制造发展方略和部署举措

第二章

发达国家及我国先进省份智能制造发展方略和部署举措

当前，新一代信息技术与制造业加快融合创新发展，物联网、大数据、云计算、人工智能、增材制造等新技术持续演进，先进制造技术正在向信息化、网络化、智能化方向发展，智能制造成为未来制造业发展的重大趋势。据全球第二大市场研究机构 Markets and Markets 最新研究报告显示，以人工智能、工业 3D 打印、穿戴设备、信息技术为代表的智能制造业未来市场规模巨大，2018 年全球智能制造市场规模达到 1707.8 亿美元，到 2023 年预计将增至 2991.9 亿美元，其间复合年增长率为 11.9%。全球主要工业化国家都将智能制造作为构建新形势下制造业竞争优势的关键举措，并开展了一系列战略布局与实践探索，力图重塑在全球制造业的竞争优势。美国发布《先进制造业伙伴计划》《制造业创新网络计划》，提出工业互联网概念，支持智能制造装备发展；德国发布《实施工业 4.0 战略建议书》，鼓励深度应用信息通信技术和网络物理信息系统等手段，推进智能生产，建设智能工厂；英、法等国发布了《英国工业 2050 战略》《新工业法国计划》等，抢占未来产业发展制高点；日本在《2014 制造业白皮书》中提出大力调整制造业结构，将机器人、3D 打印技术等作为今后制造业发展的重点领域。总体来看都是在突出本国技术优势与制造业特点的基础上，力争占领全球制造业制高点。

第一节 发达国家发展战略

21世纪尤其是2008年金融危机以来,发达国家认识到"去工业化"发展的弊端,制定"重返制造业"战略,同时信息技术发展引发制造业加速向智能化转型。在制造业领域,工业机器人和3D打印等实现了突破式发展,制造业出现服务化倾向;在信息技术领域,大数据、云计算、物联网等新兴业态不断向传统产业渗透,产业信息化迅速发展。随着信息技术和人工智能的发展,智能制造技术引起发达国家的关注和研究,美国、日本等国家纷纷设立智能制造研究项目基金及实验基地,智能制造的研究及实践取得了长足进步。总体上看,目前全球智能制造发展仍处于起步阶段,美国、日本、德国、韩国等发达国家走在全球前列。

一、发展趋势

1. 智能制造带来生产制造方式转变

智能制造将智能技术和装备渗透制造业领域,在制造业内部

第二章

发达国家及我国先进省份智能制造发展方略和部署举措

构建信息物理系统,进而改变制造业的生产组织方式,带来制造方式、商业模式的创新。根据微笑曲线理论,制造业产业链的前端是研发,中端是制造,后端是服务,前端和后端是制造业高附加值区域,未来的制造业业态将融合更多的现代服务业特征,智能制造的发展必将推动制造业由传统的生产型制造向服务型制造转变。智能制造将设计、研发、制造、营销、服务等各个阶段融合起来,必将带来制造业领域劳动生产率的大幅提升。据测算,传统产业实施智能改造后,将实现平均运营成本降低20%、产品研制周期缩短20%、生产效率提高20%、产品不良品率降低10%、能源利用率提高4%。

2. 智能制造改变生活方式

智能制造不仅改变企业生产模式,而且改变居民衣、食、住、行各个方面。随着机械、航空、船舶、汽车、轻工、纺织、食品、电子等行业生产设备的智能化改造,智能交通工具、服务机器人、智能家电、智能照明电器、可穿戴设备等产品的需求空间进一步拓展。芯片、传感器、仪表、软件系统等智能化产品嵌入智能装备,使得产品具备动态存储、感知和通信能力,实现产品的可追溯、可识别、可定位和线上线下服务。例如,在医疗领域,随着智能技术的运用和诊断网络化的推进,将推出家庭级疾病诊断设备,诊断数据从网络上传给医生,通过医患互动做出建议或推荐专门医院和医生进一步诊疗,进而引发全新的家庭医疗服务行业和全新的医疗保险服务品种。

3. 智能制造新经济正在爆发

智能制造是以新一代信息技术、先进制造装备应用为特点的新型制造模式，以客户需求为导向，形成个性化、定制化为特色的"新计划经济"供给方式；具有制造过程可视化、智能人机交互、柔性自动化、自组织与自适应等特征；同时将为企业研发设计、加工制造、运营服务带来新的技术变革和模式创新，实现可持续制造、高效能制造、绿色制造。德国工业4.0、美国工业互联网等新的产业技术变革都是将企业生产模式和经营方式进行创新、高效整合梳理，提升制造业附加值，增强经济发展动力。

二、发达国家战略

为了拉动本国经济增长，提高并重塑实体经济领域的竞争力，许多发达国家相继实施了一系列国家战略，例如美国的"先进制造业伙伴计划"、德国的"工业4.0"计划、日本的"再兴战略"、韩国的"新增长动力战略"等。这些战略或计划各有侧重点，但都包括：补贴和扶持新兴产业；扶持和指引前沿技术研发；培育和扶持中小企业；优化打造竞争环境；培养专业尖端人才；等等。主要目的就是通过发展智能制造，更好地适应新的要素和市场环境。

总结发达国家工业化阶段的发展历程，我们可以发现，20世

第二章

发达国家及我国先进省份智能制造发展方略和部署举措

纪六七十年代至今,其制造业主导产业体系控制力的阶段性变化就是通过不断变化模式来实现对产业体系的控制,如表2-1所示。

表2-1 发达国家工业化阶段

工业化阶段	第一阶段（初期和中期）	第二阶段（中后期）	第三阶段（后工业化）	第四阶段（新的后工业化）
时间	20世纪60~70年代	20世纪70~90年代	20世纪90年代到国际金融危机前	国际金融危机以来
工业革命	机械化1.0以及电气化2.0	2.0的高端化和3.0的起步	自动化与信息化3.0为主导	模式3.0向4.0转变
产业体系主导	资本密集型重加工业	技术密集型高加工度企业	服务环节控制产业	工业互联网主导产业体系
智能制造发展		自动化产品和机器人	自动化生产线和智能化系统集成	信息物理系统和工业互联网

部分国家（地区）的智能制造政策或计划如表2-2所示。

表2-2 部分国家（地区）智能制造政策或计划概要

国家（地区）	智能制造政策/计划	投资情况
奥地利	"工业4.0"研发项目	2.5亿欧元（约2.8亿美元）
中国	中国制造2025；智能制造试点示范2016专项行动实施方案	关于该计划的具体资金渠道没有公开信息,但中国在"先进制造"方面的投资超过30亿美元
欧盟	"未来工厂"计划提出"保持关键使技术和工业技术领先"	70亿欧元（约78亿美元）
德国	努力帮助行业协会、科研院所和企业建立"工业4.0"实施战略	5亿欧元（约5.5亿美元）

续表

国家（地区）	智能制造政策/计划	投资情况
瑞典	"智慧产业"战略	1.63亿瑞典克朗（约1800万美元）用于各项智能制造支持计划
英国	高价值制造发射中心，由7家先进制造技术研究所行程的研究网络，包括制造技术中心（MTC）	1.4亿~2.2亿英镑
美国	至少拥有4家相关的制造业创新研究所；数字化制造与设计创新研究机构（DMDII）；美国制造（增材制造）；清洁能源智能制造研究所；先进复合材料制造创新研究所	4个机构共计2.4亿美元的公共投资、4.6亿美元的非联邦投资，包括私营部门的合作伙伴

1. 美国大力发展工业互联网

一是结合本国比较优势制定智能制造发展战略，强化战略顶层设计。2011年和2012年相继启动《先进制造业伙伴计划》和《先进制造业国家战略计划》，将"互联网"作为其智能制造的主攻方向，提出"工业互联网"，基于移动互联网技术和物理设施，使制造业的数据流、硬件、软件实现智能交互。二是建立标准化体系。2016年美国国家标准与技术研究院NIST工程实验室系统集成部门，发表《智能制造系统现行标准体系》，2017年美国工业互联网联盟（IIC）宣布发布1.8版的工业互联网参考架构（IIRA）。三是以龙头企业为引领，同时重视中小企业作用。美国工业互联网由通用电气公司联合四家IT巨头组建工业互联网联盟（IIC），截至2015年，已针对不同行业推出24种工业互联网产品。同时，十分重视中小企业的作用，使其成为智能制造

第二章

发达国家及我国先进省份智能制造发展方略和部署举措

创新发展的重要动力。大量优秀中小企业的存在使得美国智能制造创新能力不断增强,也使大集团更容易通过并购来加快新技术发展和新产品普及,例如,谷歌为抢占智能装备市场,在2013年仅用半年时间就完成了对9家机器人公司的收购。

美国《智能制造决策者指南》

美国信息技术与创新基金会(ITIF)于2016年11月30日发布《智能制造决策者指南》(*A Policymaker's Guide to Smart Manufacturing*),全面陈述了智能制造的来龙去脉和对制造业带来的巨大变化,并在梳理分析主要竞争国家和地区政府举措的基础上,向美国国会和新一届政府提出了举措建议。

智能制造定义

经济合作与发展组织(OECD)和美国总统科技顾问委员会(PCAST)认为"先进制造"在一定程度上等同于智能制造。从根本上说,先进制造包括两方面的概念:一是先进产品的制造;二是先进的、基于信息通信技术的生产过程。而智能制造则主要指的是后者。

美国《2016年北美能源安全和基础设施法案》将"智能制造"定义如下:在信息、自动化、监测、计算、传感、建模和网络方面的先进技术:(1)数字模拟制造生产线、计算机操控的制造设备、生产线状态的监控和交互、全生产过程中能源消耗和效率的管理及优化；（2）厂房能源效率的建模、模拟和优化；（3）监测和优化建筑的节能性能；（4）产品能源效率及可持续化性能的建模、模拟和优化，包括使用数字模型和增材制造加强产品的设计；（5）将制造产品连入网络以监控和优化网络性能，包括自动化网络操作；（6）供应链网络的数字化连接。

ITIF在报告中提出，智能制造具体指的是现代生产制造过程各个环节中信息技术的应用过程，包括从产品的设计、生产和应用，到具体生产相关的机器设备的连接和驱动方式，以及中间产品如何经过整个供应链装配到最终的产品上。智能制造将信息技术应用在整个制造过程，以达到提高生产效率、节省成本、降低能耗，向购买者提供创新和定制化产品的目标。

政策措施建议

（1）战略牵引，制定全美制造业发展战略，逐渐完善智能制造创新网络。建议下一届政府继续实施"制造美国"战略（原"美国国家制造业创新网络"，NNMI），并将制造创新研究所（IMI）的机构数量由现在的9家增加至45家，形成完整的制造业创新网络。在提供资金建立新IMI的同时，考虑将"制造业拓展伙伴计划（MEP）"融入其中，帮助他们及时识别新兴的制造过程技术，并提高MEP的联邦出资比例（由原先的州、联邦出资比2∶1改为1∶1）。

（2）国内立法保障，支持并指导中小企业开展智能制造相关

第二章
发达国家及我国先进省份智能制造发展方略和部署举措

活动。建议国会扩大联邦政府对中小企业制造商在智能制造技术培训和采用方面的资源支持。参考《2016年能源政策现代化法案》的做法，通过立法手段阐明智能制造技术的定义，授权并指导能源部工业评估中心更密切地与中小型企业开展各类合作，帮助它们了解和采用智能制造技术。

（3）国际协定约束，降低伙伴国家对跨境数据流动的限制。为能够无缝地、跨地域地移动数据，充分发挥智能制造的潜力，建议政府加强与伙伴国家谈判与执行贸易协定，特别是严格禁止对跨境数据流动设置阻碍的内容，将这些条款作为贸易协定中最重要的组成部分。

（4）专项财税政策激励，为智能制造企业发展保驾护航。建议国会颁布针对制造类企业在机械和设备投资的税收抵免政策（ITC），若企业的此类投资占总资本支出高于某一基数75%，则可获35%的税收抵免，或者允许制造类企业在设备和软件支出上进行合理避税，如在购置的第一年摊销成本而不用花费数年折旧。通过《支持小企业研发法》扩大对小型企业研发活动信用贷款及税收激励政策的宣传。

（5）资金足量投入，支持智能制造关键技术研发。建议国会优先投入资金支持物联网相关基础技术的研究与开发，如形成标准、提高网络安全和降低能耗等；建议由国家标准和技术研究院（NIST）构建智能制造的标准体系，运用标准体系来聚集力量促进业界自发地发展和采用可交互操作的数据通信标准，以及发展针对网络安全和个人隐私问题的标准和最佳实践；建议国会在今后5年内,每年至少资助"国家战略计算计划(NSCI)"及与高性能计算相关的计划3.25亿美元。

(6)基础劳动力培训,通过政策和资金引导增加具备智能制造技能的劳动力。美国目前80%的制造业工人缺乏必要的技能。建议国会提供资金,支持制造业技术标准委员会(MSSC)和美国国家制造业协会建立制造技能认证体系;建议国会改革《劳动力投资法案》,允许更多的资金投入劳动力投资委员会,而不是到产业主导的区域技能联盟,从而支持社区学院更好地开展职业教育。

(7)创新人才培育,支持制造业相关机构开展教育、培训和开放创新活动。建议国会通过《制造业大学法案》,授权并拨付资金用于创建至少20所领先的制造业大学。为支持全美创客空间的扩张,通过了《国家开放创造实验室网络法案(2015年版)》,该法案将为非营利机构"国家开放创造实验室网络"创建一个联邦宪章,并资助一项将制造类活动和创客空间带入高中学校的试点计划。

2. 德国实施"工业4.0"战略

一是规划智能化"工业4.0"顶层设计方案。2013年德国联邦教研部与经济技术部联合发布《保障德国制造业的未来:关于实施"工业4.0"战略的建议》,得到包括德国工程院、弗劳恩霍夫协会、西门子公司等在内的学术界和产业界的响应和推动,

第二章

发达国家及我国先进省份智能制造发展方略和部署举措

上升为国家级战略。战略规划的核心内容是发展智能制造，带动智能技术与制造业的深度融合，推动德国智能制造业攀登全球制造业顶峰。二是加大资金和技术投入。德国整个汽车制造领域，都处于"工业4.0"的实施过程，目前每年投资400亿欧元开发软件，投资2500亿欧元建设硬件。德国"工业4.0"主要研究项目获得的政府预算超过5000万欧元（如表2-3所示）。三是以智能工厂和智能生产带动智能制造的发展。智能生产是德国实施智能制造的亮点，重点是将大数据、智能机器人、3D打印、云计算、人工智能等智能制造技术应用到生产实际。德国西门子的互联网智能工厂，在占地近10万平方米的厂房内，仅有1000名员工，大多数设备都在无人力操作状态下进行挑选和组装。四是重视技工教育，打造德国精益制造。双元制教育体系是德国教育体系中重要的组成部分，学生既在学校接受与职业相关的理论知识教育又在企业接受职业培训，2014～2016年德国职业教育基本情况如表2-4所示。据统计，2016年在德国15岁以上人口中，参加过双元制教育的人口为3377.2万人，占到15岁以上人口总数的47.2%。五是充分发挥典型制造业企业的带动作用。德国"工业4.0"是由西门子、博世、库卡等联合发起的，在实施"工业4.0"计划过程中，这些知名企业起到十分关键的作用。西门子在可编程逻辑控制器（PLC）的市场份额居全球第一，高档数控系统居全球第二，西门子在其他相关领域也均处在全球领先地位；库卡是工业机器人全球四大家之一；博世是伺服系统领域的领军企业。

表2-3 德国"工业4.0"主要研究项目及预算

主要研究内容	实施期间	负责部门	预算（欧元）	参与机构数量（个）
智能工厂相关的信息物理融合系统（CPS）的运用方式、工具的开发	2012年9月至2015年9月	德国教育与研究部	约560万	21
自律生产系统	2012年9月至2015年9月	德国教育与研究部	约270万	10
基于人工智能系统与智能传感器的生产管理	2012年9月至2015年9月	德国教育与研究部	约308万	9
自律控制系统	2013~2017年	德国经济技术部	约4000万	10~14

表2-4 2014~2016年德国职业教育基本情况　　单位：万人

年份	实习生	新的培训合同	通过培训	
^	^	^	参加职业教育毕业考试	继续教育
2014	135.9	51.8	42.4	9.8
2015	133.7	51.7	41.5	9.8
2016	132.1	51.0	40.0	9.6

3. 日本实施机器人新战略

一是注重智能系统的深化发展。2006年，日本提出"创新25战略"规划，核心目标之一是智能制造系统的开发。2008年、2011年日本又相继提出《技术创新战略》《科技发展基本计划》，其核心内容均是通过对智能技术、智能制造系统的各个领域进行攻关，打造制造业智能化的领先地位。二是打造智能机器人竞争优势。2014年，日本在《新经济增长战略》中把机器人产业当

第二章

发达国家及我国先进省份智能制造发展方略和部署举措

作国民经济发展的重要动力来源。通过多方合作、人才培养、技术创新、标准推广等培育机器人产业，扩大机器人在制造、医疗、服务等方面的应用，建立下一代机器人数据的互联互通系统，使日本在机器人领域处于世界领先地位，2009~2016年日本工业机器人销售量如图2-1所示。三是积极推动智能制造标准化体系和框架构建。2016年，日本正式发布工业价值链参考框架（industrial value chain reference architecture，IVRA），其基本模型是将智能制造单元作为描述微观活动的基本组件，然后通过一个类似数字解读单元，实现单元之间的联结，最后形成一个通用功能模块，满足企业所需要的实际功能。四是发展企业联合体，形成企业生态。2015年6月，日本提出工业价值链IVI计划，通过建立顶层的框架体系，使不同的企业（以大企业为主，也包括中小企业）通过接口，能够在一种"松耦合"的情况下相互联结。目前产业价值链的计划已经包含了超过200家企业在内的200个成员。

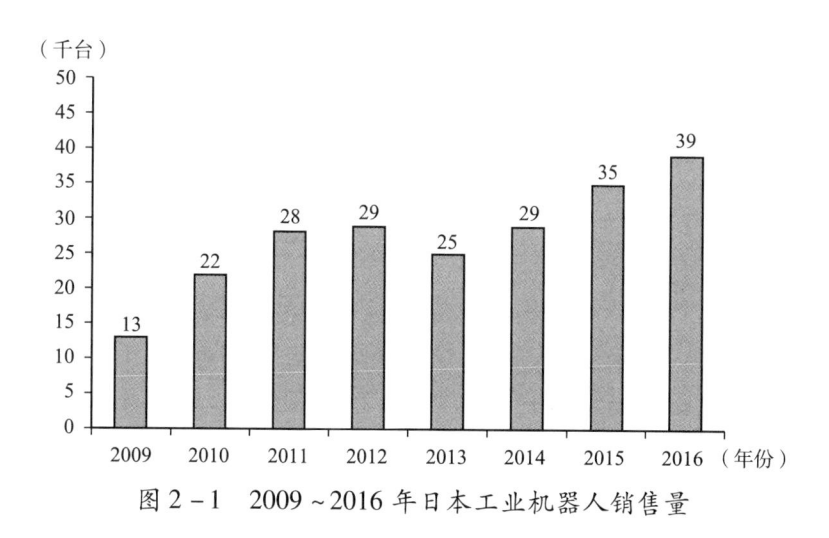

图2-1　2009~2016年日本工业机器人销售量

4. 韩国实施"制造业创新战略3.0"

韩国政府成立了制造业创新委员会，并于2014年7月举行了第一次会议，确立了三大战略和六大课题。

为实现战略所制定的目标及任务，2015年3月，韩国政府公布了"'制造业革新3.0'战略实施方案"，同时成立了由政府与民间人士组成的"制造革新委员会"。韩国"制造业革新3.0"战略明确了韩国制造业未来的发展方向。一是政府鼓励和引导创新投入。韩国政府投入2万亿韩元设立政府引导基金，主要投资创新型企业和优秀中小企业；为缩短智能技术研发的周期，韩国政府出资1万亿韩元用于3D打印、物联网等八大智能技术的研发及上市计划；对符合韩国地方政府产业发展规划的企业进行政府扶持，被列入扶持计划的企业最高可以申请1亿韩元的资金资助；为加快"3.0"战略中13个未来核心动力产业的发展，韩国政府投资预算高达4495亿韩元。韩国利用政府资金激活了创新市场，提高了资金的使用效率，有效引导企业进行创新和资本投入。二是制定智能制造发展路线图。2015年12月，韩国发布了"智能制造研发路线图"，涵盖八大智能制造技术领域：智能传感器、空间物理系统、3D打印、节能、物联网、云计算、大数据以及全息图像。提出了5大创新方向：安全性、以人为本、个性化、可持续发展以及快速和优化生产。根据该"路线图"，韩国政府在未来5年向上述8个技术领域投入约4161亿韩元研发资金。"路线图"围绕开发八大智能制造技术，着力打造融合型产业建立基础，持续提升韩国的制造业生产力。三是扶持企业进行智能化改造。为解决中小企业技术落后及融资难问题，15家大企业集团与17个地区"一对一"绑定，建立"创新经济中心"。2014年9月，三星集团与大邱市共同组建了韩国首家创新经济中心，共出资17.4亿韩元用于培育首期16个智能工厂项目，单个项目资金扶持最高达5亿韩元。截至2015年，三星集团通过参与智能化改造项目，已为100家中小企业改造提供了技术支持。"韩国生产系统分析与咨询工具"主要提供企业转型的咨询服务与技术指导，内容包括制造流程创新、设备更新等。

第二节　我国总体战略布局

制造业作为我国实体经济的重要组成部分，是我国未来发展的重中之重。随着全球制造技术的不断发展，我国制造业所具备的低成本优势、制度变革后发优势、技术获取的后发优势等都在逐渐消失，而世界范围内快速发展的智能制造将加速重构全球制造业格局，我国制造业的发展面临着巨大挑战。

综观全球，世界各国相继制定了一系列产业发展政策，提出以重振制造业为核心目标，以信息网络技术、数字化制造技术应用为重要举措，旨在依靠科技创新，抢占制造业新的制高点的"再工业化"战略。我国高度重视未来生产制造业发展，抢抓全球产业格局重塑的历史机遇，立足国内生产制造业现状，大力建立和完善顶层设计，并陆续出台促进部门、行业间融合的政策措施，从制度上带动行业和技术融合，引领产业融合创新发展。

一、顶层设计引导愈加清晰

2015年3月，国务院成立国家制造强国建设领导小组，并制

第二章

发达国家及我国先进省份智能制造发展方略和部署举措

定"1＋X"的实施方案和规划体系。2015年5月，国务院正式印发《中国制造2025》，从国家战略层面描绘建设制造强国的宏伟蓝图，通过信息化和工业化"两化"深度融合发展，推动实现从制造业大国向制造业强国的历史性跨越。随后国务院、国家相关部委先后印发了《国家智能制造标准体系建设指南》《关于深化制造业与互联网融合发展的指导意见》《发展服务型制造专项行动指南》《智能制造工程实施指南（2016～2020）》等一系列政策文件（如表2－5所示），为智能制造发展做好顶层设计引导，发展方向和路径措施日趋明朗。2018年5月，习近平总书记出席中国科学院第十九次院士大会、中国工程院第十四次院士大会并发表重要讲话。总书记指出，世界正在进入以信息产业为主导的经济发展时期，我们要把握数字化、网络化、智能化融合发展的契机，以信息化、智能化为杠杆培育新动能。要突出先导性和支柱性，优先培育和大力发展一批战略性新兴产业集群，构建产业体系新支柱。要推进互联网、大数据、人工智能同实体经济深度融合，做大做强数字经济。要以智能制造为主攻方向推动产业技术变革和优化升级，推动制造业产业模式和企业形态根本性转变，以"鼎新"带动"革故"，以增量带动存量，促进我国产业迈向全球价值链中高端。

表2－5 近年我国推进制造业的部门规章或指导性文件

序号	颁布时间	规章或指导性文件	颁发部门	涉及制造业内容
1	2011年7月	《国家"十二五"科学和技术发展规划》	科技部	数控系统、功能部件的核心关键技术

续表

序号	颁布时间	规章或指导性文件	颁发部门	涉及制造业内容
2	2012年3月	《智能制造科技发展"十二五"专项规划》	科技部	工业机器人及其核心部件的技术
3	2012年5月	《高端装备制造业"十二五"发展规划》	工业信息化部	共性智能技术、算法、软件架构、软件平台、软件系统、嵌入式系统、大型复杂装备系统仿真软件
4	2013年12月	《关于推进工业机器人产业发展的指导意见》	工业信息化部	工业机器人产业体系
5	2015年5月	《中国制造2025》	国务院	智能制造
6	2016年12月	智能制造发展规划（2016~2020年）	工信部、财政部	智能制造
7	2017年11月	关于深化"互联网+先进制造业"发展工业互联网的指导意见	国务院	互联网+先进制造业

1. 《中国制造2025》出台的现实背景

《中国制造2025》提出了加快制造业转型升级、提质增效的重大战略任务和重大政策措施，力争使我国在2025年从制造大国迈入制造强国行列。《中国制造2025》对于推动中国制造由大变强，使中国制造包含更多中国创造因素，更多依靠中国装备、依托中国品牌，促进经济保持中高速增长和向中高端水平迈进具有重要意义。

（1）我国制造业总量大，人均规模小。1995年之前，我国工业规模小于主要发达工业国家。1995年我国工业规模首次超过

第二章

发达国家及我国先进省份智能制造发展方略和部署举措

意大利；1996年又超过英国和法国；2001年超过德国，成为世界第三工业大国；2006年超过日本，成为世界第二工业大国；2011年超过美国，成为世界第一工业大国，工业品产量在世界具有举足轻重的地位（如表2-6所示）。在巨大工业总量的背后，需要考虑到我国是世界上人口最多的国家，人均规模小的现象较为突出。2013年，我国人均工业增加值仅为意大利的37%、英国和法国的34%、日本的30%、韩国的29%、美国的27%和德国的22%。

表2-6 我国主要制造业产品产量居世界的位次

产品名称	1978年	1980年	1985年	1990年	1995年	1999年	2000年	2005年	2010年	2011年
钢	5	5	4	4	2	1	1	1	1	1
水泥	4	4	1	1	1	1	1	1	1	1
化肥	3	3	3	3	2	1	1	1	1	1
棉布	1	1	1	1	1	2	2	1	1	1
电视机	8	5	3	1	1	1	1	—	—	—
汽车	—	—	—	—	—	—	8	4	1	1

资料来源：《国际统计年鉴》（1978~2011年）。

（2）科技水平落后，自主创新能力弱。我国在核心零部件、关键技术领域严重依赖国外，关键部件质量和可靠性与世界先进水平仍有较大差距。尤其是高端芯片、光纤制造装备、集成电路制造设备、汽车工业装备，主要依赖进口。近年来，我国工业企业研发投入、研发强度、研发投入产出等指标都有较为明显改善，但是，技术创新资源配置效率不高、科技成果转化率低等问题亟待解决。长期以来我国基础研究占研发经费支出的比重非常小，一般在5%左右，而美国、英国、法国等国家这一比重都在10%以上，这从根本上制约了我国科技水平的提升。我国科技成果转化率仅为10%左右，远低于发达国家的40%左右的平均水平。

（3）产业附加值低，处于中低端环节。在国际产业价值链中，我国处于"微笑曲线"底部，绝大部分国内企业主要从事"制造—加工—组装"环节，在附加值较高的研发、设计、服务等环节缺乏竞争力。在技术密集型和高新技术行业，这一问题更为突出。中国商务部发布的《全球价值链与中国贸易增加值核算研究报告》（2014年度）显示，一般贸易出口中，纺织、针织制成品制造业、服装鞋帽制品业等传统的劳动密集型产业，1000美元出口所带来的国内增加值在890美元左右。技术密集型产业和高技术产业，如交通运输设备制造、电气设备、通信设备、电子计算机制造业、电子元器件制造业等，1000美元出口所带来的国内增加值均不足800美元。加工贸易出口中，电器设备制造业仅为172美元，汽车制造业为249美元，电子制造业为308美元。这充分反映出，传统劳动密集型产业出口具有相对较高的国内增加值，而技术密集型产业出口的国内增加值含量较低。

2.《中国制造2025》规划部署

（1）确立总体目标。从制造业大国向制造业强国转变，最终实现制造业强国。

（2）注重"两化"融合。通过信息化和工业化"两化"深

第二章

发达国家及我国先进省份智能制造发展方略和部署举措

度融合来引领和带动制造业整体发展进步。

（3）实施"三步走"战略。《中国制造 2025》提出，坚持"创新驱动、质量为先、绿色发展、结构优化、人才为本"的基本方针，坚持"市场主导、政府引导，立足当前、着眼长远，整体推进、重点突破，自主发展、开放合作"的基本原则，通过"三步走"实现制造强国的战略目标。

第一步：力争用十年时间，迈入制造强国行列。

到 2020 年，基本实现工业化，制造业大国地位进一步巩固，制造业信息化水平大幅提升。掌握一批重点领域关键核心技术，优势领域竞争力进一步增强，产品质量有较大提高。制造业数字化、网络化、智能化取得明显进展。重点行业单位工业增加值能耗、物耗及污染物排放明显下降。

到 2025 年，制造业整体素质大幅提升，创新能力显著增强，全员劳动生产率明显提高，两化（工业化和信息化）融合迈上新台阶。重点行业单位工业增加值能耗、物耗及污染物排放达到世界先进水平。形成一批具有较强国际竞争力的跨国公司和产业集群，在全球产业分工和价值链中的地位明显提升。

第二步：到 2035 年，我国制造业整体达到世界制造强国阵营中等水平。创新能力大幅提升，重点领域发展取得重大突破，整体竞争力明显增强，优势行业形成全球创新引领能力，全面实现工业化。

第三步：中华人民共和国成立一百年时，制造业大国地位更加巩固，综合实力进入世界制造强国前列。制造业主要领域具有创新引领能力和明显竞争优势，建成全球领先的技术体系和产业体系。

（4）推进四大转变。促进中国制造业转型发展：一是由要素驱动向创新驱动转变；二是由低成本竞争优势向质量效益竞争优势转变；三是由资源消耗大、污染物排放多的粗放制造向绿色制造转变；四是由生产型制造向服务型制造转变，进而促进制造业转型发展。

（5）推行五大工程。一是制造业创新中心的建设工程；二是强化基础的工程，也是强基工程；三是智能制造工程；四是绿色制造工程；五是高端装备创新工程。

（6）重抓十大重点领域。一是新一代信息技术产业；二是高档数控机床和机器人；三是航空航天装备；四是海洋工程装备及高技术船舶；五是先进轨道交通装备；六是节能与新能源汽车；七是电力装备；八是农机装备；九是新材料；十是生物医药及高性能医疗器械。

3. "互联网＋"行动计划是实现制造强国的重要路径

2015年3月，李克强总理在政府工作报告中首次提出"互联网＋"行动计划，提出重点促进以云计算、物联网、大数据等新一代信息技术与现代制造业、生产性服务业等进行融合创新，发展壮大新兴产业，打造新的产业增长点。国务院7月4日印发了《关于积极推进"互联网＋"行动的指导意见》，明确未来三年以及十年的发展目标，提出包括创业创新、协同制造、智慧能源

第二章 发达国家及我国先进省份智能制造发展方略和部署举措

等在内的 11 项重点行动，并就做好保障支撑进行了部署。

"互联网+"的内涵即传统产业利用互联网转型升级。当前，全球正在发生新一轮科技革命和产业革命，信息技术特别是互联网技术的发展和应用，正以前所未有的广度和深度，加快推进生产方式、发展模式的深刻变革。"互联网+"行动计划不是把互联网与制造业简单叠加，而是通过将新一代信息技术、互联网技术与制造业深度融合，创新优化制造业的生产方式、投资方式、管理模式等，发挥强大的乘数效应，创造新的、更大的经济发展动力。

二、扶持政策持续跟进

我国整体智能制造应用水平偏低。虽然我国部分行业大中型企业的数字化和智能化已经取得了一定突破，但整体行业应用水平特别是中小企业的数字化和智能化水平依然偏低。根据麦肯锡的数据，我国仅有 1/5 的公司使用了云存储技术，而美国有 3/5 的公司使用这一技术，我国企业收入中只有 2% 用于信息技术研发，仅相当于世界平均水平的一半。从发展阶段上来看，我国大部分中小企业总体仍处于电气化补课、数字化试点示范的阶段，还需要补优化工艺、提升管理的课。从转型成本上来看，大部分中小企业缺乏高端产品，面对全球化竞争压力，利润率低，企业缺乏资金进行数字化、智能化转型。从应用水平来看，我国基础支撑能力薄弱，缺乏商品化整体解决方案和系列产品，智能化应用难度高，同时人才缺乏严重，无法为众多中小企业提供系统集成和智能制造解决方案的人才。总体上，中小企业中推进智能制造需要有力的政策支持。

国家工信部等部门围绕智能制造这一主攻方向，以实现重大产品和成套装备的智能化为突破口，以推广普及智能工厂为切入点，出台了一系列扶持政策，旨在促进提升制造业产品、装备及生产、管理、服务的智能化水平。

1. 开展试点示范和应用推广培育创新模式

为了进一步落实《中国制造2025》的国家战略部署，2016年2月，工信部启动了"中国制造2025"城市试点示范工作，对试点城市在相关领域体制机制创新给予积极支持，促进试点城市在全国率先实现制造业转型升级；4月，工信部启动了智能制造试点示范2016专项行动，全面启动传统制造业智能化改造，开展离散型智能制造、流程型智能制造、网络协同制造、大规模个性化定制、远程运维服务。工信部先后开展了两个批次的智能制造试点示范项目推荐工作，对109个建成的企业智能车间、智能工厂等智能制造示范项目予以支持。遴选出了一批数字化、网络化制造水平比较高的示范企业作为智能制造样板工厂（车间）示范应用，在行业内起智能制造样板示范作用。例如，通过采用国产装备、国产数控系统和国产管理软件建设精密加工数字化车间，东莞劲胜公司"机器换人"提高了劳动生产率以及产品的合格率和稳定性。九江石化全面实施智能制造技改，通过建设炼化一体化全流程优化平台，实现员工总数减少12%、班组数量减少13%、外操室数量削减35%，年综合增效2.2亿元，等等。这些企业对全国智能制造的推广应用起到了重要的示范带动作用。

2. 构建技术标准体系指导产业发展

为解决标准缺失、滞后以及交叉重复等问题，充分发挥标准在推进智能制造发展中的基础性和引导性作用，指导当前和未来一段时间内智能制造标准化工作，2015年2月由工信部和国家标准化委员会共同发布了《智能制造标准体系建设指南》，聚焦重点领域，从基础共性、关键技术、重点行业三个方面，构建了由"5+5+10"类标准组成的智能制造标准体系框架，为实施智能制造提供强有力的标准支撑，奠定了智能制造标准化工作的重要基础。通过两年智能制造专项的实施，一批涉及互联互通、信息模型、智能工厂设计、数字化车间、工厂通用技术要求以及数字化车间安全一体化要求等的关键技术标准已经得到部署。

三、创新协作体系逐步形成

全球科技革新为智能制造技术发展带来新的机遇，以市场需求为导向的智能制造新技术得到了不断应用。国际产业合作更为密切，中、德、美、日等国共建智能制造实验室、数字工厂（智能工厂）等创新模式，探讨智能制造发展，活跃智能制造市场，促进智能制造产业投资合作。我国国内，创新协作体系也逐步建立，不断健全，为制造业转型升级构筑支撑。产学研用合作更为频繁，高校和科研院所加快智能制造技术孵化和转化，机械加工、化工医药、纺织服装等传统行业逐步探索智能制造模式取代传统加工方式；新能源汽车、新材料等领域抓住个性化、定制化的市场需求，依托新建项目布局智能制造。产业链上下游加强密切合作，智能制造应用企业在信息化、智能化改造过程中总结智能制造改造的经验，并逐步形成可适用于同行业及相近行业的智能制造改造解决方案。

1. 我国信息技术产业积极向制造业融合

我国信息技术产业具备坚实的发展基础和优势。在智能制造的大环境下，信息技术企业积极拓展业务空间和增长点，基于自身技术优势，向制造企业提供局部的智能化解决方案。在现场设备层，信息技术企业从复杂设备连接切入，推出连接管理平台等产品。例如，华为推出的 IoT 连接管理平台，支持海量多样化终端设备的接入，能够屏蔽工业现场的各种复杂设备接口，实现终端设备快速接入。在工业网络层，通信企业正在探索将传统网络技术进行改造，并应用于制造车间。例如，中国电信综合利用全光网络、无线通信、物联网技术和大数据技术打造数字车间、智慧化工厂和智能产品，基于工业 PON 提供企业智能工厂应用，简化网络设计、实施配置和运维管理流程。在工业云平台层面，

第二章

发达国家及我国先进省份智能制造发展方略和部署举措

互联网企业和 IT 企业通过合作以及自主研发的方式，推出面向制造领域的工业云平台。例如，阿里云与国内大型制造企业合作，共同搭建中国版 Predix。阿里工业云平台可以实现模块化开发管理，让产业链上各群体通过开放的 App 平台构建产业生态。在大数据分析和应用层，部分数据分析企业基于以往的行业积累，推出面向制造关键环节的数据分析解决方案。例如，北京东方国信的"高炉热风炉炉壳温度监测预警系统方案"能够及时发现高炉炉缸及热风炉炉壳温度异常并采取保护措施，预防安全事故。

2. 制造企业主动探索智能技术应用

制造企业自身也在积极探索各种智能化应用模式。与信息技术企业相比，制造企业主导的智能化模式更加贴合企业需求，在行业知识、工艺流程等方面的积累更加深厚。制造企业的智能化探索广泛覆盖车间层、企业层和产业层，形成了三种比较典型的发展路径。一是用户企业牵引设备及服务商。例如，海尔在 GE、西门子、SAP 软件基础上进行二次开发，形成互联工厂的软件应用；劲胜精密整合包括华中数控在内的 18 家企业和机构，建设智能工厂。二是用户企业培育工程团队。海尔、中兴等大型制造企业都拥有上千人的工程实施团队，海尔更是设立智研院专门进行智能制造相关技术和应用的研究；富士康基于工程实施团队成立系统集成公司，对外提供服务。三是基于需求的循序式改进。例如，富士康、劲胜精密 CNC 车间连续 4~5 代循序升级；中兴柔性化生产持续性改进。

3. 我国智能制造行业应用从单点智能向综合集成发展

一是航空、电子、工程机械等行业智能制造走在前列，特别是依托智能化装备基础、管理系统成熟应用，普遍开展了装备集成、管理系统集成、全生命周期集成等，已具备较好的实施案例。如富士康的 TDK 集成化生产管理系统、中兴通信的智能化包装线等。二是当前智能制造应用实施基础较好的行业，重点攻坚对装备、系统集成后数据的综合利用，将"平台＋大数据"作为智能化发展的主要实施方向，主要依托平台集成存储海量工业数据，并结合大数据技术，实现数据的深度挖掘和高效计算，实现优化决策。如海尔打造 Cosmo 平台、三一工程机械服务平台、智慧中煤陕西一体化平台等。三是重工业布局装备智能化、管理信息化转型升级。如石化、钢铁、航空、汽车、工程机械等行业早在 2000 年初就开始企业信息化建设和装备自动化改造，有效支撑了当前智能制造的实施。

4. 智能制造模式多领域开发应用

智能制造的行业应用模式选择、行业应用实施效果与行业自身的生产特点和发展基础紧密相关。不同行业的生产特点和现有基础决定了行业智能制造的实施路径。重点企业围绕具体的业务需求，开展了不同领域的应用模式，从用户需求侧牵引推动我国智能制造战略的落地实施。从流程行业生产、离散行业生产和产

第二章

发达国家及我国先进省份智能制造发展方略和部署举措

品服务三个类别来看：流程生产行业，主要是通过对原材料进行混合、分离、粉碎、加热等物理或化学方法，使原材料增值。以石化为代表的流程行业已具备了良好的装备智能化基础。在企业管理层，石化行业已经实现了对管理软件、信息化技术的大规模应用。其中，软件重点企业办公自动化（OA）应用比例超过89%、财务管理系统应用比例达到97%；ERP普及率超过70%，如中国石化ERP建设目前已在110家企业成功上线运行，系统用户已约6万名。离散行业生产主要是通过对原材料物理形状的改变、组装，使其成为产品，实现增值。当前，我国离散行业装备智能化水平、信息化系统、网络化系统差异较大，工业1.0、2.0、3.0阶段并存，纺织等行业主要面临装备智能化改造问题，电子等行业主要面临系统集成问题，汽车等行业主要面临基于大数据的柔性产线问题等。在产品服务方面，产品服务可感知、可联网，具有数据整合平台，能基于数据分析优化产品运行。当前，产品服务主要集中在家电、工程机械、航空等领域，其行业实施产品智能化服务的主要基础是良好的互联互通网络架构和数据平台建设。

第三节　先进省份主要举措

为更加主动应对新一轮科技革命和产业变革的挑战，更好适应工业化进入后期阶段的发展形势，近年来，我国地方政府制定、实施了一系列促进智能制造和智能制造产业发展的战略、政策和具体措施，探索和推动智能制造的发展和普及。尤其是国内部分发达地区立足改革开放以来高速发展的基础和优势，积极迎接和把握技术进步和产业变革的挑战和机遇，大力探索通过智能制造实现要素的集约效应。

一、广东省以高技术制造业支撑智能制造发展

一是持续制订和改进行动计划。广东省先后制定并实施《广东工业转型升级攻坚战三年行动计划》《智能制造发展规划》《珠江西岸先进装备制造业产业带规划》。高技术制造业呈现快速增长的态势，2016年增长11.7%，占规模以上工业比重为27.6%。二是以工业机器人和工业大数据为抓手推进智能制造。致力于推动制造业转型升级，加速将工业机器人和工业大数据应用

第二章
发达国家及我国先进省份智能制造发展方略和部署举措

到销售、研发、设计、制造、供应和决策等各环节。2016年广东全省新增应用机器人达2.2万台，总量超过6万台，保有量约占全国1/5。《大数据蓝皮书：中国大数据发展报告No.1》（2017）显示，广东的"大数据发展指数"居全国所有省、区、市首位。三是建设先进装备制造产业协同创新平台。广东省重点支持建设中国（广州）智能装备研究院、华南智能机器人创新研究院、广东省智能机器人研究院，扶持佛山市南海区广工大数控装备协同创新研究院、佛山市智能装备技术研究院、广东顺德中山大学卡内基梅隆大学国际联合研究院等一批新型研发机构发展。这些研发机构的发展，为广东智能制造保驾护航。

二、浙江省推进"机器换人"计划

一是通过样机牵引战略提高企业的智能制造发展动力和能力。一方面，抓示范应用，对10个第一批省级"两化"深度融合示范区域予以重点支持建设，批复建设3个装备电子产业基地、5个绿色安全信息化应用示范区域，总投资达426亿元；另一方面，启动专项示范试点项目共800多项。涵盖"两化"深度融合、产业链协同创新、智能制造、"互联网+制造"等领域。此外，浙江还实施千家企业信息化登高计划，组织86个企业开展智能制造（数字工厂）示范建设，引导企业在管理、销售、制造、研发等各个环节提升信息化水平。二是加强智能制造标准化研究。2016年9月，中国（杭州）智能制造大会在余杭召开。其间，主论坛上发布的《智能制造评价办法（浙江省2016年版)》，由《离散型智能制造评价办法》《流程型智能制造评价办法》《网络协同型智能制造评价办法》《大规模智能化定制型智能制造评价办法》《远程运维服务型智能制造评级办法》五大部分组成。三是信息技术的发展为智能制造打下坚实基础。2016年，信息传输、软件和信息技术服务业增加值2240亿元，占GDP的4.7%，对经济增长的现价贡献率为14%，是拉动浙江省经济增长的主要动力。作为浙江省信息发展领域知名企业，阿里云率先响应"智能制造"计划，联合生态合作伙伴组建专门服务团队，通过ET工业大脑等一系列产品与服务方案，赋能工农商各领域企业，挖掘中国制造"1%的威力"。依托于阿里云的高性能计算技术，中策橡胶集团使混炼胶平均合格率提升3~5个百分点，吉利在数千核集群的计算机环境下进行仿真测试，提高车辆安全性。

三、福建省以技术创新引领智能制造发展

福建省对智能制造的研究起步较早，近年来发展尤其迅猛，建立了8个国家重点实验室、9个国家工程技术研究中心、11个国家级企业技术孵化器等研发基地，孵化国家级企业技术中心33家，培养了一批高技术人才。在诸多领域达到国际国内先进水

第二章

发达国家及我国先进省份智能制造发展方略和部署举措

平,如机器人技术、显示屏控制技术、水暖厨卫制造工艺技术、轴承复杂系统等,攻克了一些长期依赖进口的高端装备技术难题,如半导体发光芯片、高端数控机床等。目前,福建省规模以上制造业研发经费占主营业务收入超过1%,产品技术水平达到国际水平的达40余种,达到国内领先水平的达80余种,有效发明专利10000余个。一是确立智能制造发展方向。福建省出台加大智能制造发展的九条措施,明确发展方向为:高端数控技术、智能装备、智能服务等。以提升高精、高速、高性能和智能化的先进制造能力为目标和重点,广泛应用智能制造先进技术于各行各业。加大智能制造试点示范,鼓励企业加快智能化改造,推动传统产业智能化转型,逐步实现"机器换人"。加强智能产品设计、智能管理服务、智能诊断检测等研发应用,提高工业软件和系统集成能力,探索多工厂、多车间、多机系统集成。二是加大政策扶持力度。福建省先后发布了《福建智能制造2025》《福建智能制造专项规划》《福建关于加快发展智能制造九条措施》等文件,加快智能制造发展,推动智能制造产业化。持续实施了一批制造业关键核心技术研发,搭建了企业与科研机构的创新联盟,从政策上对智能制造的人、财、物等方面明确给予重点扶持。近年来,福建对智能制造的扶持不断加大,投入资金也大幅增长。三是打造智能制造产业。随着福建省智能制造先进技术的迅猛发展,福建智能制造规模初步形成。2014年,福建制造业规模以上增加值9209.3亿元,年均增长14.1%,比工业增加值高0.6个百分点;福建第二产业增加值达到12515.4亿元,年均增长近 14.2%，高于全国 4.7 个百分点；其中工业机器人、高端显示屏、节能环保控制系统等智能制造领域销售收入达 4000 亿元，制造业占工业比重为 91.7%，工业成品出口占全省的 91.9%；全省制造业年均从业人员超过 400 万人，以制造业为主的工业对经济增长贡献率高达 55%。

四、上海市智能制造高度广度并重

上海市的机器人、系统集成、轨道交通控制系统等智能制造装备的产业规模处于全国领先水平，并拥有上汽集团、中国商飞、上海电气、振华重工等大型、高端企业。一是打造智能制造产业链。芯片级研究、系统级研究到产业集成应用都已形成一定规模，工业机器人形成了从研发、零部件、整机生产、系统集成、销售服务的完整产业链。形成"高校+科研院所+企业研究院"的科研创新格局，上海交通大学、同济大学、中科院上海分院、上海电科所、上海工业自仪院、电气集团中央研究院、上海汽车技术中心等，产业链创新链协同较强。在智能制造系统集成和行业综合集成解决方案和工业软件开发领域已经形成工业自仪院、宝信软件、汉中诺软件工业仪表院等一批骨干企业。二是强化国际合作。上海立足对外开放优势，整合国内外资源，广泛开展国际国内合作。上海与智能制造领先的美国和德国企业互动频繁，已形成了国内最好的对德合作关系。中德双方 2014 年 10 月

第二章

发达国家及我国先进省份智能制造发展方略和部署举措

10日发表《中德合作行动纲要：共塑创新》，宣布两国将开展"工业4.0"合作。2014年10月同济大学与德国合作建成了"工业4.0－智能工厂实验室"。德国企业西门子在上海成立研发中心，与上海电气围绕电站、风电、输配电、燃气轮机高温热部件等领域开展全面合资合作。美国企业GE在上海成立研发中心，与华电合资生产航空改进型燃气轮机。三是突出重点企业示范应用。上海借助大型企业、高端企业以及重点高校的众多优势，大力开展创新应用和示范带动。重点应用行业中大型企业率先示范应用智能制造装备，带动上下游企业联动发展。汽车领域的上汽集团、航空航天领域的中国商飞和航天局、能源装备领域的上海电气以及船舶与海洋装备领域的船舶公司，已成为重点行业中的领军企业。

第四节　对江苏制造的启示

制造业是江苏经济的支柱。建设"强富美高"新江苏，实现高质量发展，首先制造业必须要强大。制造业要高质量发展，就必须在科技创新、产业创新、市场创新、业态创新等方面实现新突破，加快形成以智能制造为主要引领和支撑的产业体系和发展模式。从国内外的实践看，智能制造既能在节能减排、提升信息化水平等方面提供技术和装备支持，也能为新能源、新材料、生物医药等新兴产业发展提供先进的技术支撑，助推制造业跨越发展。因此，发展智能制造既是现实需要，也是大势所趋。江苏应从坚持战略引领、强化标准引领、重视人才培养、畅通融资渠道、强化法治保障等方面超前谋划，精准施策，加快智能制造布局和发展，为"江苏智造"增添强大新动能。

一、坚持战略引领

江苏是我国第一制造业大省，近年来正积极谋求从"江苏制造"到"江苏智造"的转型创新，进而推动江苏从"制造大省"

第二章

发达国家及我国先进省份智能制造发展方略和部署举措

转向"制造强省"的转变,全面抢占"中国制造2025"制高点。目前,江苏省已在全国率先出台了《中国制造2025江苏行动纲要》,编制了《江苏"十三五"智能制造发展规划》。2017年,全省高技术行业实现增加值同比增长11.8%,高于全省工业增加值增速4.3个百分点;规模以上工业新产品产值占全省规模以上工业产值比重达9.2%。全省企业创新驱动拉动能力不断增强,发展智能制造产业有着良好的基础和广阔的前景。从世界先进地区智能制造发展水平来看,江苏智能制造产业还存在着技术体系不健全、产业方向和重点尚不明确等"短板"和不足,而这些问题的存在,从根本上来说,就是因为江苏缺乏系统完善的发展战略来引领智能制造产业发展。江苏应立足省内制造工业现状,把握智能制造产业发展机遇,借鉴先进地区成功经验,健全完善江苏智能制造发展战略。

一是政策引路扶持。按照适当超前、分步实施的原则,深化智能制造发展研究,根据《江苏"十三五"智能制造发展规划》,进一步谋划和制定"十三五"智能制造发展的路线图,研究确定发展方向和重点行业,加快制定并组织实施企业智能化改造升级。为智能制造创新发展打造良好环境。健全相关法规和制度,完善知识产权保护制度,严格落实知识产权侵权查处机制。建立涉企收费清单制度,除法律另有规定外,涉及智能制造的各种鉴定、检验检测等结果实行互认互通,最大限度地减轻企业负担。加强企业信用体系建设,健全企业信用信息征集、整合、记录、披露和使用制度,完善守信激励和失信惩戒机制。充分发挥财政资金的引导作用，加大多元化投入力度。省财政厅、经信委等部门要优化省级工业和信息产业转型升级专项资金支出结构，加大对企业智能化改造的支持力度。提高市场化运作的投资基金在专项资金中的比重，吸引更多社会资本投入智能化改造。落实相关税收优惠政策，支持企业境内外上市融资，引导各类金融机构加大对企业智能化改造的信贷力度，拓宽多元融资渠道。

二是培育技术创新。大力培育操作系统、数据库、中间件等核心软件技术研发，重点突破工业控制芯片、数控设备、国产操作系统等关键技术。加快智能车间建设，研究制定智能车间建设标准和认定办法，选择行业示范带动作用强的企业进行智能车间建设试点，推动企业加快应用虚拟设计制造、智能测控以及集成协同等技术开展智能化改造。围绕关键基础材料、核心基础零部件、先进工艺技术等领域，系统突破设计、材料、工艺、试验、检测等一批关键共性环节，提高制造业基础能力。在智能车间建设的基础上，选择有条件的企业向智能工厂发展。以冶金、化工、建材等主要耗能行业为重点，推进耗能企业能源管理中心建设，加强重点耗能工序用智能监测监管体系建设，切实提高能源使用效率和综合利用水平。在电力、节能环保、农业、资源开采等国民经济重点领域分步骤、分层次开展智能制造成套装备应用示范，促进科技成果产业化。健全技术转移机制，促进先进科技与产业深度融合。积极推广运用新技术、新产品，在智能装备、智能工厂、智能服务等方面遴选一批基础条件好的重点地区、重点行业、重点企业开展省级试点，不断提炼和总结有效的经验和

第二章

发达国家及我国先进省份智能制造发展方略和部署举措

模式,为智能制造的全面推广应用打下基础。

三是健全服务机制。搭建信息服务平台,加快工业云服务平台建设,在全省范围内搭建智能制造供需对接平台。完善面向中小微企业的信息化服务体系,推动中小微企业数字技术应用服务平台建设,帮助中小微企业解决在技术创新、企业管理、信息咨询等方面存在的困难,提高中小微企业信息化应用能力和水平。积极发展咨询服务机构。支持提供智能制造整体解决方案的中介服务机构发展,培育一批既熟悉制造业生产流程,又具备信息系统集成能力和互联网思维的智能制造咨询服务企业,充分发挥咨询服务机构在发展智能制造中的作用。培育一批联合研发和成果交易平台。建设一批面向智能制造的技术研究机构,以产业技术创新战略联盟为基础,推动企业和科研机构、高校共建智能制造领域产业研究院、公共重点实验室和工程技术中心。建设一批有发展潜力、有行业特色的电子交易平台。推动信息网络技术在智能制造中的应用。推进制造过程智能化,加快人—机智能交互、工业机器人、智能物流管理、增材制造等技术和装备在生产过程中的应用,促进制造工艺的仿真优化、数字化控制、状态信息实时监测和自适应控制。

四是注重应用推广。支持和鼓励大数据技术在工业企业生产经营、工业行业管理和经济运行中的应用。鼓励有条件的企业通过网络化制造模式,实现生产经营各环节的企业间协同,形成网络化企业集群。鼓励制造业创新销售和服务模式,引导企业充分运用电子商务等互联网模式实现产品营销。加快推广运用智能制造装备和产品。积极应用智能技术进行企业技术改造，促进信息技术与企业设计研发、生产制造、营销管理的全面融合。组织研发具有深度感知、智慧决策、自动执行功能的高档数控机床、工业机器人、增材制造装备等智能制造装备以及智能化生产线，突破新型传感器、智能测量仪表、工业控制系统、伺服电机及驱动器和减速器等一批智能核心装置，推进信息技术嵌入式应用，提高智能制造发展水平。加快产品全生命周期管理、客户关系管理、供应链管理系统的推广应用，促进集团管控、设计与制造、产供销一体、业务和财务衔接等关键环节集成，实现智能管控。

二、强化标准引领

智能制造是信息物理深度融合的系统，具有突出的信息化特征。标准化、模块化和智能化是实现智能制造的基础。"智能制造、标准先行"。国外工业发达国家对标准都非常重视，德国"工业4.0"和美国工业互联网战略的首要任务均是制定标准。在德国"工业4.0"规划的八大技术中，智能制造标准研制被列为首位。从国内发展来看，2017年以来，工信部、国标委组织开展智能制造综合标准化体系建设研究工作，在所形成的《国家智能制造标准体系建设指南（2018年版）》中提出，到2019年，我国将逐步建立起较为完善的智能制造标准体系，进一步充分发挥标准在推进智能制造产业健康有序发展中的支撑和引领作用。

第二章

发达国家及我国先进省份智能制造发展方略和部署举措

总结发达国家先行经验，对接我国《国家智能制造标准体系建设指南》，江苏在构建智能制造标准化体系的过程中，应注重四个原则：一是先进性原则。标准体系要充分考虑智能制造的云计算、大数据、虚拟现实、人工智能等标准需求，使标准体系体现出突出的先进性和超前性，为智能制造技术优势的发挥提供指导作用。二是系统性原则。标准体系应全面系统地规划标准要素，既包含语义、概念、数据、通信协议、数据格式、代码、仿真、设计方法、测试方法等"软"技术形式标准，也要包含机器人、检测设备、接口、网络、传感器等"硬"技术形式的标准，还要包含管理、服务等综合性标准，建立多维度、全领域的智能制造标准体系。三是通用性原则。按照通用化、系列化、模块化的标准化思想，建立功能模块化的智能制造标准，以标准化打造理念先进、通用化强、应用服务灵活、方便的智能制造系统。四是适用性原则。标准体系的设计既要考虑先进性，也要考虑适用性和合理性，使技术之间能合理匹配、资源充分利用、效能全面发挥。

江苏发展智能制造，就要把标准化放在更加突出的位置，以标准全面提升推动智能制造，形成新的竞争优势。通过标准的推广和应用，技术创新才能得以迅速扩散，并转化为现实的生产力。

一是建立完善综合标准体系。标准化水平的高低，反映了智能制造的竞争力。只有加快制定智能制造标准体系，才能以此规范企业的智能制造升级改造行为。要更好发挥标准的引领作用，必须聚焦关键、突出重点，着眼提升制造业竞争力，推动标准化与"中国制造2025"深度融合，满足柔性化生产、个性化定制等需要，加强关键技术标准研制，加快建设制造强省。制定智能制造技术标准，要重点围绕智能制造关键术语和词汇表，以及智能制造装备、智能化生产线和数字化车间、工业互联网、大数据、工业安全、智能制造服务等重点领域和关键环节，加快开展综合标准化工作。重点加快制定以智能化为特征的重大成套装备、自动化生产线系统集成标准，在汽车制造、智能机器人等优势领域，应用综合标准化模式，推进标准综合体研制。在智能制造新业态新模式、智能化管理和服务等领域，组织开展标准化试点示范。

二是强化基础领域标准体系建设。围绕制造强省战略，梳理江苏制造业细分行业，重点制定关键零部件所需的钢铁、有色、有机等基础材料标准，重点提高轴承、齿轮等关键部件的可靠性标准。在装备制造、航空航天等重点领域，指导和推动整机企业和基础配套企业对接，运用综合标准化方法，开展核心基础零部件、先进基础工艺、关键基础材料标准的研制与对接工作，更好解决设计、材料、工艺、监测标准等生产制造环节的衔接问题，提升智能制造全产业链标准化程度。鼓励企业通过将专利和自主技术转化为标准，成为产业规则的制定者，掌握市场的话语权，成为行业的"领头羊"。

三是推动重点领域标准化突破。围绕《中国制造2025江苏行动纲要》《江苏"十三五"智能制造发展规划》，加强前沿信息技术、高端数控机床、先进轨道交通装备、新能源汽车、生物医药及高性能医疗器械等重点领域标准制定，突破共性关键技术与产业化"瓶颈"，引领和支撑智能制造、高端制造、绿色制造，提高创新发展能力和国际竞争力。在智能制造标准化构建过程中，还应注意，一方面，要整合标准化资源，封装标准化知识与解决方案，最大限度地实现知识利用；另一方面，面向标准化价值凸显领域，让标准和标准化服务成为企业自律的准绳以及消费者参与公共治理和信息透明的途径。

三、重视人才培养

大量高端创新型人才的有效供给是智能制造发展的重要前提。人力资源和社会保障部在《高技能人才队伍建设中长期规划（2010～2020）》中提到：2020年技能劳动者需求将分别比2015年增加近3290万人，其中高技能人才需求将增加约990万人。到2020年，全国技能劳动者总量达到1.4亿人，其中高技能人才达到3900万人，占技能劳动者的比例达到28%左右。教育部发布《制造业人才发展规划指南》中指出，2025年新一代信息技术产业人才缺口将达950万人，高档数控机床和机器人领域人才缺口将达450万人，航天航空装备领域缺口将达47.5万人，海洋工程装备及高技术船舶领域缺口将达26.6万人。因此，培养、吸引、留住高端人才，成为未来智能制造发展的重中之重。

一是搭建人才培养校企合作平台。培养和吸引高端人才，充分利用江苏省的人力资源禀赋。江苏省拥有141所高校，190万名在校大学生，15所"双一流"大学，高校数和在校生人数均居全国第一。政府要加强引导，在全省多层次、多领域广泛推动高校、试点示范企业等机构共同组建"智能制造人才培养校企合作平台"，共同推进课程改革，制订人才培养计划，培养综合型人才。智能制造要求员工既要掌握丰富的专业知识，又要具备熟练的动手操作能力和解决复杂问题的创新能力。因此，学校和企业要紧密合作，紧跟行业新技术，紧跟智能制造行业发展，开发特色课程。围绕高端装备制造业、工业机器人、3D打印等智能制造业，培养学生成长为适应智能制造的复合型人才。鼓励省内智能制造行业龙头企业与院校开展共建智能制造实验室建设。引导省内国产装备厂商开展校企合作，有效化解教育培训渠道装备国产化不足的现象，推动院校应用国产化装备，对采购国产化装备达到一定比例的院校给予奖励。

二是建立健全人才招引政策。完善人才发展环境，在江苏省落户及其他相关配套政策方面予以倾斜，为来苏发展的智能制造领域创新人才提供良好的住房、科研经费等保障，提升江苏省对于高端人才的职业吸引力，集聚更多的高端人才投身于江苏智能制造发展，努力将江苏打造成为长三角地区乃至全国范围内智能制造人才聚集高地，为江苏智能制造加速发展提供坚实的智力支撑和创新动力。进一步健全收入分配激励机制，结合实际探索实

第二章

发达国家及我国先进省份智能制造发展方略和部署举措

行协议工资制、项目工资制、年薪制等分配办法,完善劳动、知识、技术、技能、管理等生产要素按贡献参与分配的制度,进一步调动和激发高端人才在苏创新创业的积极性。加大科研人员股权激励力度,鼓励各类企业通过股权、期权、分红等方式,调动科研人员创新积极性。提高科研人员成果转化收益比例,完善科技成果、知识产权归属和利益分享机制,提高骨干团队、主要发明人受益比例。

三是实施专技人才实训工程。在大力发展智能制造的今天,职业教育同样是为制造业输送人才的关键。深化科技人才培养体系创新,强化科技同经济、创新成果同产业、创新项目同现实生产力的无缝对接。政府要大力推动产教融合发展工程向智能制造倾斜,引导和支持有条件的试点示范企业联合职业教育学校建成开放共享、生产教学融合的智能制造实训基地,开展智能制造人才实践培训,实现专技人才从学校到工厂的无缝对接。随着"中国制造2025"战略的实施,工业化和信息化的融合、产业转型升级,需要职业教育学校对现有的专业人才培养目标重新定位。省教育厅要求牵头对培养方案进行改革,对课程进行重新组合,课程内容重新编排,建立基于智能制造的理论教学体系,在工业机器人、3D打印技术等智能制造技术方面,培养学生能力。推进专业技术职称和职业资格制度改革,完善高技能人才终身培养培训体系。开展校企联合招生、联合培养试点,拓展校企合作育人途径。

四、畅通融资渠道

发展智能制造，需要保证智能制造的资金需求。完善的、持续的资金供给链，是智能制造发展的必要条件。构建多方联动的金融支撑体系，江苏有着良好的创新基础和广阔的发展空间。一方面，江苏是金融大省。2017年，全省金融业实现增加值6786亿元，居全国第二，同比增长9.2%，占地区生产总值比重达到7.9%。全年社会融资规模增量1.52万亿元，居全国第二。另一方面，江苏区域创新能力连续多年位居全国前列。2017年，全社会研究与发展经费投入占GDP比重从2012年的2.3%提高到2.7%，科技进步贡献率从56.5%提高到62%。

一是实施财政金融联动工程。政府现有各类相关财政资金要对智能制造类项目进行重点支持，要推动建立和完善以政府投入为引导、企业投入为主体、社会投入为重要来源的智能制造多元化投融资体系。政府通过财政手段与银行等金融机构联动，通过项目贷款贴息、设立引导基金和建立风险补偿机制等方式，引导资金流向智能制造工程实施企业、系统集成商、装备制造企业和关键零部件制造企业。在引导企业进行研究和开发投入时，也要完善相关的税收优惠政策，减轻企业压力。浙江省与浙商银行签订了"推进浙江省智能制造"战略合作框架协议，值得江苏研究与借鉴；美国在《先进制造业国家战略计划》实施过程中，改善

第二章
发达国家及我国先进省份智能制造发展方略和部署举措

投资经营环境、提供新税收优惠政策、改革投资的审批制度等举措也给我们很多启示。

二是加强重点企业金融培育。要继续努力搭建多元化的投资平台，鼓励民间投资和企业自主研发。引导政府创设的创业投资引导基金、天使投资基金、产业投资基金以及其他基金进行重点支持，鼓励社会风险投资、股权投资投向智能制造领域。发展改革委、金融办等部门联合筛选智能制造领域研发实力强、市场经营水平较好的骨干企业，作为重点支持对象。定期向银行等金融机构推荐，由金融机构作为财务顾问打造综合性金融培育计划，通过量身定制专属金融服务方案，培育若干具有核心竞争力的骨干企业，带动产业链水平整体提升。

三是鼓励和引导企业进行资本运作。支持大型制造企业与互联网企业、系统集成企业、工业软件企业加强相互持股、收购兼并等资本层面的实质性合作，促进产业跨界融合。注重发挥融资租赁产融结合优势。政府部门牵头为专业融资租赁公司定向引入政策性银行低成本资金，并由财政出资设立中小企业设备融资租赁专项资金，可用于租金补贴、风险补偿以及相关奖励，促进智能装备融资租赁业务发展，降低企业融资难度。

五、强化法治保障

制造业走创新驱动发展之路，意味着原有生产方式、路径依赖被打破和原有科技创新管理体制要转型，如果没有法制的健全和完善来保障，难以有力推进。我国现有支撑制造业发展的法律制度，是在要素驱动阶段颁布的。一些促进制造创新发展的专项规范性文件，多数是国务院部门通过"决定""规划""意见"等文件形式发布，是指导性或面向未来的规划性文件，系统性执行力弱。我国除了缺失促进制造业创新发展的专项立法外，对于如何规制制造业创新的风险投资、如何构建制造业产业聚集协同创新区等缺乏相关配套制度。美国为重振制造业，在宏观层面制定了多项法案和规划，运用法律手段和税收杠杆促进制造业回归，2010年8月颁布《美国制造业促进法案》。2012年2月，美国政府再次推出企业税改方案，加大减税幅度，鼓励制造业发展。

在新形势下，必须找出制约江苏省智能制造升级转型的法律制度障碍，并积极构建智能制造的法律保障体系。在这个进程中，应该坚持"绿色创新优先"和"高端产业与基础产业并举"的原则，创设和健全相应法律制度。

一是加强数据保护。工业大数据是智能制造发展的重要核心，是构建智能应用生态的关键所在。虽然大数据蕴藏着巨大价值，但是大数据背景下，消费者信息安全问题、企业信息安全问题等仍面临严峻挑战。虽然我国已经制定了多部涉及个人和企业信息保护的法律法规，但是离个人和企业信息保护的现实需求仍存在较大差距，尤其是针对工业大数据的法律法规仍不完善。江苏一方面要贯彻执行好现有的知识产权保护制度等法律法规；另

第二章

发达国家及我国先进省份智能制造发展方略和部署举措

一方面要探索通过行使地方立法权来完善相关法规，为智能制造发展创造更好法治环境，保障江苏智能制造发展提档加速。首先，健全法律制度保障，完善有助于智能制造发展的法律制度保障体系。明确工业大数据发展的重点和战略目标，维护工业大数据挖掘技术应用的合法化、科学化和有序化。其次，完善数据隐私的法律保护机制，明确相关机构、企业和消费者的隐私保障义务与责任，加大智能制造领域大量数据收集与处理过程中的隐私保护力度。妥善限定企业及其他数据使用者的数据分析范围和结果分享方式。最后，建立事前和事后的风险防控体系，将对个人和企业的隐私保护贯彻到体系设计中，加强对个人和企业信息滥用、盗用和侵用的惩罚力度，为制造企业利用互联网、大数据和云计算等技术进行智能制造应用、改造和升级提供法律保障。

二是强化责任共担。"万物互联"背景下，一家工厂的智能设备的缺陷将不仅仅对自身产生影响，也可能因为其是整个系统中的成员而引发系统内部其他环节的不良生产或服务。然而，源于生产链条的不透明性，要精确地定位整个价值制造链条上的责任人就变得难上加难。生产、销售末端的违约或侵权行为可能是因为上游智能工厂的缺陷而引起的。但是究竟是哪个环节出现问题，则难以探知。而智能制造却是基于能够自我控制和自我学习的智能系统在网络当中自动交换信息。人工智能控制下的机器将不再依据特定的程序运作，而是根据具体情况，以数据结构为基础做出决定，该数据结构极有可能是由网络中未知的第三方提供的。这在使得责任主体难以被识别的同时，甚至都很难向上游追责。在"工业4.0"时代，机器的功能越是取决于数据，责任就越难从数据流和算法中被识别。在责任分担领域，网络安全法、数据所有权和认证制度等都发挥着重要的作用。然而，如何妥善解决好智能制造中的法律责任承担问题，是需要抓紧完善和探索尝试的。在严格责任的同时，要尽可能避免影响人工智能发展的积极性。探索引入保险机制，以转嫁风险，防止人工智能公司损失巨大。

　　三是保障网络安全。第四次工业革命将极大地提升制造业水平。但是，这种通过网络将各种机器设备、工厂和销售端联结的做法也带来了巨大的安全隐患。一旦遭受网络攻击，整个国民经济都可能受到重创。在德国，为了给"工业4.0"创造安全的外部环境，联邦经济与能源部专门委托专业机构对如何应对"工业4.0"时代的网络安全问题进行研究，并且形成了《"工业4.0"的网络安全报告》，指导政府、行业组织和企业捍卫与"工业4.0"有关的网络安全。在《"工业4.0"的网络安全报告》当中，研究机构认为确保智能生产中的网络安全的关键措施之一在于实现统一但又兼顾个别行业需求的安全防护标准。智能工厂从自身的组织构建、设备采购以及智能产品制造等都应当符合标准地具备一定的"防破坏性"。随着大数据时代的来临，数据交换、客户联系和服务平台显得越来越重要。网络平台的设立有助于降低市场准入"门槛"、降低交易成本并且鼓励新的商业模式的创制。以平台为基础、以数据为驱动的商业平台本身也是智能制造的重要组成部分。然而，平台本身也带来了新的威胁和挑战。工业网络平台相较于目前的个人使用平台（如微信、QQ、淘宝等）而言，其利益链条更为复杂，也往往与实体经济，尤其是具体的产业部门——关联。因此，推动江苏制造向江苏智造转变，网络安全是至关重要的保障。

第三章
江苏智能制造发展现状与战略意义

第三章

江苏智能制造发展现状与战略意义

2015年，国务院发布《中国制造2025》，将智能制造作为主攻方向，将推进制造业的数字化、网络化、智能化以及大幅提升制造业信息化水平作为发展目标，加速培育我国新的经济增长动力，抢占新一轮产业竞争制高点。围绕《中国制造2025》，国家相关部委又发布了《智能制造发展规划（2016~2020）》《智能制造工程实施指南》《国家智能制造标准体系建设指南》等一系列政策文件。以《中国制造2025》为总纲，各地方陆续出台智能制造领域的扶持政策。江苏、广东、福建、四川、安徽等省份分别出台了《江苏行动纲要》《广东省智能制造发展规划（2015~2025）》《福建省实施行动计划》《四川行动计划》《中国制造2025安徽篇》等政策。各地方政府及园区也纷纷在其"十三五"规划中明确提出智能制造发展方向，北京、沈阳、济南等多个城市出台了智能制造产业五年发展规划。

第一节 江苏智能制造发展现状

一、江苏智能制造发展环境

2017年5月,《2016~2017中国智能制造年度发展报告》在江苏常州发布,报告指出我国智能制造领域空间格局基本确定,正在形成珠三角、长三角、环渤海和中西部四大产业集聚区。珠三角、长三角作为我国制造业的核心区,在推动智能制造方面担当主角。珠三角地区占据控制系统优势,广州数控是国内技术领先的专业成套机床数控系统供应商,年产销数控系统占国内同类产品市场的1/2份额。长三角地区以江苏、上海和浙江为核心区域,优势在于电子信息技术产业基础雄厚,加快形成集智能设计、智能产品、智能装备和智能技术及服务于一体的全产业链。环渤海地区以辽东半岛和山东半岛为核心区域,以北京、哈尔滨、沈阳为代表,科研实力较强,研究机构有中科院沈阳自动化研究所、哈尔滨工业大学、北京航空航天大学等,在机器人方面取得了显著科研成果,具有人才培养优势,且有沈阳新松、哈工

第三章
江苏智能制造发展现状与战略意义

大机器人、哈博实等行业龙头企业,带动培育了一批智能制造装备产业集群。以武汉、长沙、重庆为代表的中西部集聚区,智能装备产业虽起步晚,但依托外部的科技资源,在机器人领域已形成优势且增势强劲,涌现出埃夫特等行业龙头企业。

江苏发展智能制造具备诸多良好条件:一是产业基础好,制造业经济总量连续多年位居全国第一;产业体系完备,行业门类齐全,在若干细分行业已有一批企业达到或接近世界先进水平。二是融合程度高,目前江苏企业"两化"融合应用效益指数、企业"两化"融合发展水平指数和区域"两化"融合发展水平指数均居全国前列。三是支撑能力强,江苏有高校140余所,江苏籍两院院士数量全国第一,区域科技创新能力连续8年全国第一,丰富的科教优势意味着可观的潜在创新能力和生产力。四是发展氛围好,近代以来,江苏实业家得改革开放风气之先,率先接受西方工业文明熏陶,先后创办一系列实业,形成并延续了注重实业的传统。

二、江苏智能制造发展基础

近年来,江苏围绕制造强省目标,将智能制造作为推动工业经济转型升级的主攻方向大力推进,创建了一批示范智能车间,实施了一批智能制造示范项目,促进制造业提质增效,细分行业中已有一批企业达到或接近世界先进水平。"两化"融合加快推进，2015年全省区域"两化"融合发展水平总指数达92.17，连续3年居全国第一。支撑能力持续增强，智能制造装备、电子信息和软件产业发展迅速。

1. 顶层设计进一步完善

江苏省委、省政府高度重视智能制造发展，制定了《中国制造2025江苏行动纲要》《江苏省"十三五"智能制造发展规划》、智能制造工程三年实施方案和年度推进工作计划，从长期、中期、近期多个阶段推进智能制造的工作体系和架构。省政府与工信部签订推进智能制造创新发展战略合作协议，先后出台《关于建设具有国际竞争力的先进制造业基地的意见》《关于更大力度实施技术改造推进制造业向中高端迈进的意见》《企业制造装备升级计划》《企业互联网化提升计划》等政策文件，鼓励企业加大智能制造投入。省级层面每年制定《推进智能制造工作要点》，组织实施603项、总投资1572亿元的企业智能化改造升级三年滚动计划，2016年共安排资金10亿元专项用于企业制造装备升级和企业互联网化提升，近三年累计安排省级资金近20亿元。积极推动苏南地区创建国家智能制造示范区，以南京、常州为重点探索智能制造个性化定制新模式，积极申请国家大数据产业集聚区建设试点，带动新型工业化发展；支持各地建设一批面向智能制造的企业研发机构，加强智能制造自主装备研发和标准建设，推动智能制造软件产品研发，推进智能制造网络基础设施建设；加大为工业企业服务力度，支持服务机构牵头开展智能工

第三章

江苏智能制造发展现状与战略意义

厂建设项目诊断,培育一批智能制造装备提供商、智能制造软件提供商和系统集成商。

南京以"八个一"工程建设智能制造名城:一是举办"一个展会",即世界智能制造大会;二是成立"一个联盟",已专门成立南京智能制造产业联盟;三是打造"一批智能工厂";四是发展"一批核心产业";五是建设"一个智能制造协同创新中心";六是建立"一批创新平台";七是突破"一批关键技术";八是出台"一个政策",高标准建设国内一流的智能制造名城。

常州着力打造全国一流智能制造名城围绕《中国制造2025》,深入实施"三位一体"工业经济转型升级战略,加快推动制造业向高端化、智能化、绿色化、服务化、品牌化方向发展,全力打造"工业明星城市"升级版。

苏州将"智能制造发展工程"列为十项重点工程之一,提出到"十三五"末,以智能制造为重点的新型制造体系初步建立,企业在研发设计、生产制造、供应链协作、营销服务等全生产流程的智能化转型成效明显,培育10家智能工厂。培育第三方技术服务商,为企业开展智能化改造免费诊断服务提供解决方案,每年为不少于300家企业开展智能制造免费诊断。出台《关于加强智能制造生态体系建设的若干措施》,围绕支持工业企业智能化技术改造、培育智能制造支撑主体、构建智能制造创新体系、加快工业互联网发展、打造智能制造生态环境等方面出台奖励措施。

无锡主攻智能工厂、智能产品、智能装备,围绕"以智能化绿色化服务化高端化为引领，全力打造无锡现代产业发展新高地"发展战略，以制造业智能化为主线，以智能工厂、智能产品、智能装备为主攻，着力推进企业研发、生产、管理和服务的智能化。

镇江瞄准工业机器人及智能制造相关产业，明确以发展工业机器人及智能制造产业为突破口，建设具有较强创新活力和竞争优势的工业机器人及智能制造产业基地。

2. 试点示范效应进一步扩大

从车间硬件水平、生产过程调度、物流配送、产品信息追溯、环境和资源能源消耗监控、设计生产联动协同、制造业服务化等方面研究提出省级示范智能车间建设标准，明确提出智能装备应用不低于70%、车间设备互联互通不低于70%。全省累计有12个项目入选国家智能制造试点示范项目计划、26个项目获得国家智能制造专项支持、2个项目入选中德智能制造合作试点示范。6家企业入选国家制造业和互联网融合发展试点示范，6家企业入选国家"两化"融合管理体系贯标示范，73家企业入选国家"两化"融合管理体系贯标试点企业；共评定50家省制造业和互联网融合发展示范企业、230家省制造业和互联网融合发展试点企业、259家省"两化"融合管理体系贯标试点企业；已经创建智能车间388家，车间自动化、智能化装备比重达83%，智能装备联网率达86%。大中型企业基本实现电商应用全覆盖，制造业关键生产工序数控化率超过50%。

第三章

江苏智能制造发展现状与战略意义

出台《江苏省智能制造示范工厂建设三年行动计划（2018~2020年）》，充分依托和发挥国家智能制造试点示范和省智能制造示范车间的创建优势，聚焦"设施互联、系统互通、数据互享、产业互融"建设内容，培育创建一批示范引领作用强、综合效益显著，覆盖生产全流程、管理全方位、产品全生命周期的智能制造示范工厂，引导和带动全省智能制造水平稳步提升。到2020年，以机械、汽车、电子、医药、纺织、轻工等领域为重点，创建50家左右省级智能制造示范工厂，培育100家左右智能制造领军企业，形成一批智能制造标准。出台《江苏省智能制造示范区培育实施方案（试行）》，引导和支持产业基础良好、产业特色明显的县域经济体加快构建智能制造生态体系，建立完善政企及社会力量多方联动、智能制造产业链协调发展的运行机制，培育形成一批发展有成效、模式可推广的省级智能制造示范区。到2020年，全省培育建设10家左右省级智能制造示范区，成为引领全省智能制造发展的县区示范标杆。

加大示范推广力度，开展智能制造模式试点。以南京、无锡、苏州为重点，探索建设离散型智能制造模式；以常州、苏州、镇江为重点，探索建设流程型智能制造模式；以无锡、常州为重点，探索建设网络协同制造模式；以南京、常州为重点，探索个性化定制新模式；以无锡、常州、苏州、镇江为重点，探索建设远程运维服务模式。

推动企业商业模式持续创新，加速形成一批较成熟、可复制、可推广的智能制造新模式。江苏科行环保科技实现了由传统装备制造业向"装备制造+远程维护+智能维保"以及"装备全生命周期运营服务"的转型升级；江苏恒瑞医药实现了走向源头创新发展的模式；江苏先声药业实现了由传统研发模式向开放式创新模式的转变；江苏中天科技通过智能化技术逐步实现由单一的产品制造向服务制造转变；无锡先导智能装备与IBM合作建立"先导云"和大数据中心，集成应用数字化协同设计平台，使设计高效协同，工厂生产实现智能化；江苏恒立液压实现了由传统的生产模式向信息化、智能化的运营模式转变；徐州工程机械集团智能制造通过与ERP、MES系统高度集成，实现了从设计、工艺到生产过程的数字化协同。

3. 智能制造装备发展取得积极成果

牵头制订江苏工业强基专项行动实施方案，组织实施高端装备研制赶超工程、首台套重大装备示范应用工程，积极承担国家高档数控机床、智能制造装备等重大专项，推进智能装备自主研发和示范应用，累计认定具有自主知识产权的首台（套）重大装备及关键部件928个。分行业组织实施首台（套）重大装备推广示范应用项目，创新开展首台（套）装备保险试点工作。江苏省高档数控机床及成套装备创新中心等5家智能制造领域的制造业创新中心被列入省级培育计划。制订江苏工业强基专项行动实施方案，建立总投资近千亿元的省级重点工业强基项目库，积极争取国家工业强基工程专项支持，项目数和资金数均居全国前列，突破轴承用高标准轴承材料、挖掘机专用高压油缸等一批基础材

第三章

江苏智能制造发展现状与战略意义

料和核心部件。

开展数控机床、工业机器人等智能制造基础装备质量攻关，突破高档数控系统、高精密 RV 与谐波减速器等一批关键技术。启动信息安全关键共性技术联合攻关。目前，江苏智能制造装备产业规模超过 5000 亿元，工业机器人、高档数控机床、数字化生产线、智能成套装备、新型传感器、智能控制系统、智能仪器仪表等智能制造装备产业链逐步完善，涌现出埃斯顿自动化、扬力集团、博众精工、天奇自动化、南瑞继保等一大批具有较强行业竞争力的智能制造装备"排头兵"企业。江苏数控金属成形机床技术水平与国际同步，产量占国内市场份额 40% 以上，数控金切机床占全国份额 12%。扬力集团为华晨宝马研发的 2000 吨级的乘用车外覆盖件（钢铝）机器人冲压生产线代表了国内领先水平。江苏工业机器人产业近年来发展迅速，全省机器人研制企业超过 50 家，成功研制了工业机器人自动化系统、大型构件机器人焊接系统、高速机器人智能化包装成套设备、重型桁架式机械手等一批首台套重大装备，填补了国内空白。江苏 3D 打印装备培育了南京中科煜宸、宝岩自动化、无锡飞而康、江苏汉印机电、江苏永年激光、吴江中瑞机电等一批创新能力较为突出的增材制造企业。中科煜宸自主开发的送粉式金属 3D 打印机、激光再制造装备、激光焊接装备技术均处于国内领先地位。

4. 智能制造生态体系加快建立

制订"企企通"建设实施方案，推动宽带网进企业、到车间、联设备。目前，全省省级以上开发区均实现千兆级宽带接入，重点企业均实现100兆以上专线宽带接入。制定出台《江苏省大数据发展行动计划》，集聚资源重点打造江苏工业云平台，与20家行业龙头企业开展云平台资源合作，平台服务应用40多项，全国性的智能制造系统集成体验验证平台落户常州。与阿里云公司联手开展"133"工程，共同为制造业企业提供"云上创新、数据驱动"转型升级技术服务方案。目前，已有45家服务机构和8家制造业企业与阿里公司签约。

围绕智能制造领域的创新需求，江苏加大高水平创新平台的引进和创建力度，"3院2中心智造"平台落户江苏。江苏经信智能制造研究院以推动江苏传统产业转型升级、引进培育智能制造新兴产业为主要宗旨，聚焦于协同创新、产业服务、投资孵化三大职能。中德智能制造研究院旨在借鉴德国智能制造产业研究、技术应用、科研管理机制，为江苏省及国内企业实施智能制造、产业升级提供技术服务、解决方案、实施方案。南京增材制造（3D打印）研究院是江苏省3D打印先进制造业基地。江苏省智能装备产业技术创新中心面向智能装备领域，争创国家级制造业创新中心。江苏省制造业创新中心的高档数控机床及智能装备成为省内第一批制造业创新中心试点的重点领域。推动建立"1+60+N"中小企业公共服务平台网络，加强企业库、服务平台库、双创基地库建设。认定一批中小企业智能制造技术服务平台供应商。成功举办世界智能制造大会、世界物联网博览会、中国（南京）国际软件产品和信息服务交易博览会。与德国

第三章
江苏智能制造发展现状与战略意义

弗劳恩霍夫应用研究促进会签订合作备忘录，成立中德智能制造研究院，组建省级智能制造服务联盟。

5. 智能制造集群发展态势良好

江苏积极推动以产业链为纽带、资源要素集聚的智能制造产业集群建设，完善产业链协作配套体系，促进区域智能制造差异化发展。南京市加快研制高档数控机床、增材制造等前沿技术和装备；常州市重点研制高速列车用高性能制动盘、牵引系统、1000千伏特高压变压器；苏州市重点研制精密重载数控机床制造、机器人系统设计与制造、增材制造等装备；镇江市重点研制无人机整机装备。南京、苏州的工业机器人与3D打印装备、扬州的数控成形机床、常州的智能制造装备等产业都已形成集聚发展的良好态势。截至2016年底，江苏拥有智能制造领域国家级高新区6家，占全省国家级高新区总数约1/3。武进高新区、苏州工业园区入围"2017中国智能制造十大园区"榜单。拥有装备行业特色产业园区40多家，其中，9个园区（基地）获批成为国家新型工业化示范基地，新认定省级装备制造业特色和示范产业基地33家。常州拥有常州国家高新区、武进国家高新区两家智能制造领域国家级高新区，100多种产品达到世界先进或领先水平。常州机器人及智能装备产业园聚集了通用、博世等一批世界500强企业，日本安川电机在园区建造了世界最大的机器人生产工厂。扬州高新区数控装备产业园目前拥有数控成形机床规模工业企业30家，先后被评为国家火炬计划产业基地、江苏省高端装备制造示范基地、新型工业化示范基地和数控装备特色产业园。昆山机器人产业基地2012年获得科技部火炬中心国家火炬计划"江苏机器人特色产业基地与江苏省机器人科技产业园"称号，目前已吸引华恒、永年激光、柯昆、徕斯、高晟等多家国内外机器人领域的高端企业。徐工集团4个大型智能化制造基地中，机器人、数控中心等智能制造装备占比达70%以上，大吨位装载机智能化制造基地具有长达7000米的全自动装备流水线、AGV运输机器人等自动化物流系统，工程机械领域智能化水平位居全国前列。

三、智能制造发展中存在的问题

推进智能制造也面临一些问题和挑战，企业智能制造基础较为薄弱，总体上尚处于机械化、电气化、自动化、信息化并存阶段，区域发展也不平衡；智能控制技术、智能化嵌入式软件等支撑高端智能装备发展的核心技术对外依赖度高，系统集成、互联共享能力尚显不足，存在信息"孤岛"现象；研发、服务人才相对缺乏，对智能制造发展的有效支撑不够。

1. 智能制造目标导向有待明确

将智能制造同工厂自动化、数字化工厂等概念混为一谈，形式主义、碎片化思想盛行，绝大多数企业被动适应，还有的"赶

第三章

江苏智能制造发展现状与战略意义

时髦",有的企业还存有套取各种专项资金扶持的内在冲动,导致"花瓶设备"和"纸上流程"大量冗余。同时,技术与管理双向脱节现象较为突出。传统生产组织方式留下的烙印很深,尽管绝大部分企业对引进智能制造设备有需要,但一半以上的企业使用智能设备的初衷是替代人力或降低成本,只有少部分企业认为是生产流程必须和企业管理升级需要,以智能制造整合价值链和商业模式的企业少之又少,面向全生命周期的智能化服务理念更是鲜见。

2. 智能制造自主创新能力亟待提高

智能制造关键部件主要依赖进口,在智能制造诸多基础技术方面仍然停留在仿制层面,创新能力不足,关键技术难以突破。据有关方面调查,65%的工业机器人、80%的集成电路芯片制造装备、40%的大型石化装备、70%的汽车制造关键设备、核电等重大工程的自动化成套控制系统及先进集约化农业装备严重依赖进口,船舶电子产品本土化率还不到10%。以高端机床为例,一些机床企业主要借用美国、德国、荷兰、瑞士等国家的技术开展整合组装,竞争力较弱,高端机床市场几乎被国外品牌占据。诸如以"大云物移智"为主要内容的新型技术领域,江苏所掌握的核心技术仍十分有限,企业技术研发往往各自为政,缺乏资源共享与合作平台。而且,受制于传统外向型经济的路径依赖,智能制造发展的相关人才储备及技术标准建设工作也明显滞后。此外,在互联网时代,用户需求日趋多样化、定制化。目前,江苏还缺乏一批既能开发工业软件和互联网应用系统，又熟悉细分行业生产技术工艺设备研发、制造、集成的工程服务公司或系统解决方案提供商。

3. 地区与行业层面推进不平衡，系统性、协调性有待提升

江苏智能制造的突出优势更多还是囿于一隅，星星之火未成燎原之势。在调研中发现，一些地方在积极布局，抢占未来制造业制高点，但对智能制造的实现路径和政府角色定位不够明晰，地区与行业的非均衡、不协调现象较为突出。同时，现阶段的各类资金扶持模式效果欠佳，乘数效应与加速效应尚未显现，并未能真正激发风险投资、创业投资等社会资本的持续跟进。而且，智能制造发展的宏观协调和管理工作有待加强，体制机制改革与营商环境优化等工作也明显滞后于智能制造发展的实践需求。龙头企业研发投入不够、积极性不高，中小企业基础能力薄弱、危机感不足。江苏已有的一批智能制造行业领军企业和重点骨干企业已快速成长，但像华为、中兴一样重视研发投入，掌握核心技术和产业主导权的仍是凤毛麟角。一方面体现在一些有实力的龙头企业的研发投入比例偏低，智能制造系统解决方案供给也处于中低端水平；另一方面体现在江苏点多面广的优质中小企业由于受技术、资金、人才、信息等因素制约，难以找到合适的智能制造技术。而且，很多中小企业在智能化改造中也存在盲目"追高求快"的乱象，并未真正从数据、传感、客户需求等基础做起，能力提升工作仍是浅尝辄止。

第三章

江苏智能制造发展现状与战略意义

4. 智能制造政策要素保障有待加强

由于智能制造产业具有需求多样化、碎片化的特点，产业需要面对不同行业、不同工作环境、不同标准下的工作和服务，尽管出台了一系列扶持政策，但总体零散、缺乏系统性，难以形成协同发展，政策扶持效果总体并不理想。当前，实施智能制造的主要方式是集成应用国内外先进技术，推进工厂的智能化改造，建设智能生产线、智能车间、智能工厂，建设工业云平台，但企业与企业之间、上下游产业之间软硬件系统互不兼容、各成标准，给下一步建设工业互联网、推进智能制造的深度发展带来障碍，不利于基于互联网的产业生态形成。随着智能制造规划、标准、示范项目等逐步落实并推广实施，资金、资源等要素也不断聚集到智能制造的重点领域，但对面向智能制造的领军人才和高技能人才培养方面重视不够，人才紧缺矛盾比较突出。高校智能制造人才培养与企业实际需求脱节，产教融合不够深入、工程教育实践环节薄弱，学校和培训机构基础能力建设滞后。企业在智能制造人才培养中的主体作用尚未充分发挥，职工培训缺少统筹规划，培训参与率有待进一步提高。智能制造一线职工，特别是面向重点行业、领域的高级技师和一线工程师比较缺乏，制约智能制造的长远发展。

推动智能制造发展需要厘清以下几个方面的关系：一是政府与企业之间的关系。企业作为创新主体同时也是智能制造试点示范的主体。相关企业要根据自身实际情况，准确把握智能制造发展的最佳时机与突出优势，做好智能制造知识（技术）储备以及生产、服务模式集成与创新，并充分考虑智能制造的投入产出、当前需求、远期规划。诚然，企业主体作用的发挥离不开政府的正确引导，但政府不应越俎代庖，只需在营造氛围、优化环境、提供支撑上下足功夫，充分激发各主体的参与积极性。尤其是要加大对中小企业服务、研发平台的支持力度，并进一步发挥已有扶持资金的杠杆效应。二是技术需求与解决方案之间的关系。技术需求企业在发展的不同阶段对智能制造的需求也将发生变化，解决方案提供方能否及时跟进也是技术需求方要面临的问题。现阶段，江苏还没有出现能够打通整个架构体系的智能制造解决方案供应商。如何在技术需求与解决方案之间进行无缝对接将会更加依赖于工业软件开发和行业解决方案的提供能力，尤其是要注重对数据进行更为深刻的洞察和分析处理。因此，如何培育江苏的软件集成和综合服务优势，形成与国内外巨头相抗衡的综合信息服务提供商，是江苏智造制胜的焦点所在。三是技术标准与个性化需求之间的关系。要推进智能制造深度发展，各级政府和相关职能部门应在技术标准与个性化需求之间的转换和对接方面做好支撑协调工作，尤其是在设备互联、数据信息接口标准化的前提下，开发个性化定制智能制造单元，切不能将智能制造单元做成"设备孤岛""信息孤岛"，使其失去互联互通、信息共享、衍生价值的功能。对于企业而言，除了智能工厂（车间）建设之外，还需要从更透彻地感知客户需求，更全面地整合上下游产业链等角度加快智能制造生态系统的建设，并实现创新的快速商业

第三章
江苏智能制造发展现状与战略意义

化，不断满足消费者个性化、多样化需求。四是智能制造装备与工人之间的关系。"机器换人"并不意味着"人"真的从生产过程中消失，而是说"人"要实现从"一线操作"向"二线操控"的技能（管理）升级。这其中更应充分发挥人的价值，提高人的创造力。而且，对广大中小企业而言，应慎提"机器换人"，智能制造是一个发展大方向，不可急于求成、盲目跟风，也不可瞻前顾后、坐失良机。客观而言，自动化、数字化应是大多数中小企业的现实追求，而即使有条件，智能化也要从工业强基开始，真正从数据、传感、客户需求等基础性工作做起，注重自主研发和创新，打造持续优化升级的智能生态系统。

第二节　江苏创办世界智能制造大会

为营造智能制造发展的良好氛围，集聚全球智能制造的高端资源，报经国家批准，江苏省政府自2016年起会同国家有关部门、单位连续3年成功举办世界智能制造大会，业界关注度不断上升，品牌影响力持续扩大，逐步成为国内规模最大、层次最高的行业盛会和世界智能制造领域的高峰会议，有力助推了江苏智能制造发展，也为中国智能制造发展做出了贡献。

一、2016年首届世界智能制造大会

首届世界智能制造大会于2016年12月6~8日在南京成功举办，主办单位是工业和信息化部和江苏省人民政府，省委、省政府主要领导及工业和信息化部、中国工程院等国家部委领导出席了大会高峰论坛等活动。据统计，共有来自近20个国家和地区的嘉宾参会，人员规模超过9000人次。同期举办的智能制造展览会共有西门子、库卡、宝马、特斯拉、微软等285家企业参展，观展人数超过9万人次。众多参会嘉宾用"大势所趋""正

第三章

江苏智能制造发展现状与战略意义

当其时""十分必要"评价此次大会的举办,一致认为本次大会是全球智能制造领域一次大规模、国际性、高水平的顶级峰会,彰显了我国在世界智能制造领域的综合实力,对于全球未来制造业发展必将产生积极的影响。

1. 大会情况

世界智能制造大会以"让制造更聪明"为主题,以"全球视野、中国战略、江苏探索"为特点,举办了一系列特色鲜明、内涵丰富的会议和活动,主要有四个方面。

一是举办 1 个世界智能制造合作发展高峰论坛。德国工程院、瑞典皇家工程科学院、德国弗劳恩霍夫协会、德国电工委员会、德国工业研究会、美国机械工程师学会、清华大学、中国机械工业联合会等全球知名机构以及海尔、西门子、ABB、DELL 等世界 500 强和行业领军企业全球负责人出席了论坛并发表演讲,现场还成立了中国智能制造系统解决方案供应商联盟。

二是举办 8 个专题分论坛,从解决方案、前沿技术、商业模式、行业应用、信息安全、产业集群、标准化等不同方面,专题研讨当前国际智能制造最重要的领域和共同关注的重点方向。中国电子技术标准化研究院、欧洲电工技术标准化委员会、上海工业自动化仪表研究院、中国信息通信研究院、中国电子信息产业发展研究院、工信部电子科学技术情报研究所、中国机械工业信息研究院、中国汽车工业协会等单位承担了专题论坛的组织实施,来自中国工程院、中国科学院和德国工程院的众多知名院士以及埃森哲、特斯拉等知名企业全球负责人参加了专题论坛并发表演讲。

三是举办1个世界智能制造展览会。共有来自美国、德国、日本、瑞士、韩国、奥地利、芬兰、加拿大、新加坡等11个国家和地区的285家企业参展，展出面积共计5万平方米，突出"高、广、新、特、精"的特点，汇聚了全球智能制造领域的最新成果、领先技术和高端产品。其中，西门子、库卡、宝马、特斯拉、微软等近40家世界500强企业、国际知名机构、全球顶级机器人厂商重点展示了当前智能车间、智能工厂最新解决方案；18家工信部智能制造试点示范企业、45家江苏省智能制造示范重点企业、13家南京智能工厂建设企业以及相关研究支撑机构带来了我国人工智能、先进制造、机器人、智能化解决方案等最先进技术成果。参展企业基本覆盖了智能制造领域的重要知名厂商，多维度展示了全球制造业数字化、网络化、智能化发展趋势。

四是举办8场配套活动，以多样的活动形式和丰富的活动内容烘托大会主题，多方位、多层次、多角度展示智能制造政策措施、最新技术产品和主要发展趋势，包括全国工业机器人应用技能大赛决赛获奖选手表演赛、极客秀场（全球最新的智能技术和新产品发布）、首届"江苏智造"创新大赛决赛、江苏省企业智能制造供需对接会、智能制造高层次专家咨询会、西门子数字化创新专场活动、菲尼克斯·利驰数字制造专场活动等。

第三章

江苏智能制造发展现状与战略意义

2. 大会成果

大会期间,来自近20个国家和地区、包括27位中外院士和200多位知名人士在内的近4000名嘉宾,围绕"让制造更聪明"这一主题,真诚对话、坦诚交流、建言献策、谋划未来,在思想碰撞、技术展示、协同合作、凝聚共识等方面取得了丰硕成果。

一是发布总体规划。会议期间工信部正式向全国首次发布《中国智能制造"十三五"发展规划(2016~2020)》,明确到2025年我国智能制造"两步走"战略和加快智能制造装备发展、加强关键共性技术创新等十大重点任务。美国、德国、瑞典等国家级智库也就国际智能制造趋势动态和本国制造业发展战略分别发表演讲,表达了深化国际交流合作、促进智能制造协同发展的良好愿望,为后续开展对话、经贸交流、产业合作打下良好基础。

二是建立合作机制。大会把各方思想共识凝聚成实际行动,建立了世界智能制造大会合作发展机制,旨在进一步发挥大会平台影响力,在共建技术标准体系、构建协同创新平台、助力产业对接合作、打造发展生态系统等方面积极作为,促进智能制造模式在各行业各领域的集成应用。大会期间,国内外企业分享交流实践经验、积极寻求合作良机,达成了一批初步合作意向。

3. 大会特点

本次世界智能制造大会是迄今为止全球智能制造领域规格最高、规模最大的行业盛会,呈现出六个方面的特点和亮点。

一是国际性。大会得到了中国工程院、德国工程院、瑞典皇家工程院、中国机械工业联合会、德国弗劳恩霍夫协会、美国机械工程师学会、德国工业研究会等国际知名权威机构支持。论坛嘉宾来自8个主要智能制造强国，参展企业来自11个国家和地区，国内外知名人士229人参会参展，其中院士27人，含外籍院士8人。

二是先进性。参展企业主要来自国际知名研究机构、世界500强和国内外智能制造领域领军企业，带来了人工智能、先进制造、机器人、智能化解决方案等各领域世界最先进的技术。其中德国弗劳恩霍夫协会、菲尼克斯、三星等甚至是全球首展，本次展览总体层次达到国内现有展会的最高水平。

三是专业性。大会的高峰论坛和各专题论坛主题设计严谨专业，执行单位均为国内知名专业研究院所，嘉宾邀请均为业内顶级专家，并根据嘉宾的背景，与其沟通设计演讲内容。会展由国内知名的专业公司承接，科学安排国内外专业观众的组织、邀请、接待等工作。

四是多样性。大会论坛层次高、展览规模大、活动种类多，紧紧围绕"让制造更聪明"这一主题，在高层会议、高峰论坛、专业论坛、配套展览等环节基础上，精心组织了一系列重要配套活动，力争通过丰富多彩的活动，烘托大会气氛、增强大会影响、突出大会主题，打造一场全球智能制造领域的盛会。

五是实效性。坚持"全球视野、中国战略、江苏探索"的特点，突出江苏元素。精心设计大会资源导入和嫁接，组织全省各

第三章
江苏智能制造发展现状与战略意义

地、高校院所、骨干企业加强与参会机构、企业和专家全面对接,促进江苏省智能制造产业深度参与国际交流。做好会议成果设计和落地工作,构建"世界智能制造论坛"组织框架,形成常态联络机制,打造"世界智能制造通讯"专业媒体,推动世界智能制造大会可持续发展。

六是广泛性。大会期间,《人民日报》、中央电视台、新华社、新浪网、腾讯网等100多家媒体派出300多名记者参会。国内主流媒体发表各类文章上千篇,头版、头条、首页、总网的核心文章数十篇,其中《人民日报》头版1篇,向中央网信办总网推送近10篇。近100名嘉宾接受有关媒体采访,视频浏览量上百万人次。《人民日报》"中央厨房"的27篇大会现场报道国内关注度突破1000万人。人民、新华、交汇、荔枝、ZAKER南京等"两微一端"开设专题专栏,浏览人数均达到20万以上。新浪微博浏览量达到3923万,持续占据政务排行第一名,大会宣传裂变传播1.2亿次。

二、2017年第二届世界智能制造大会

在成功举办首届大会的基础上,2017年12月6~8日,由工信部、中国工程院、中国科学技术协会、江苏省人民政府共同主办的"2017世界智能制造大会"在南京举办。省委、省政府主要领导及工信部、中国工程院周济院长、中国科协等国家部门、

单位领导出席了大会高峰论坛等活动。本届大会以"聚·融·创·变"为主题，通过一系列高峰论坛、专题论坛、产业对接，促进全球政、产、学、研、金、用各领域最新成果深度交流融合，打造了一场世界智能制造领域大规模、高水准、新内涵的专业活动。大会得到了社会各界的广泛参与和高度认可。据统计，本次大会共有来自近20个国家和地区的逾300位知名嘉宾参会，专业观众超过1万人次。总体而言，大会在2016年世界智能制造大会的基础上实现了量的提升和质的飞跃，彰显了我国在世界智能制造领域的综合实力和增长潜力，对全球未来制造业发展将产生重要影响。

1. 基本情况

本届大会共分三大版块：智领全球高峰会、智领全球嘉年华和产品技术展示，主体结构为"1＋1＋1＋14＋8"，具体包括1个主论坛、1个高峰论坛、1个闭幕式、14场分论坛和8个专场活动。

一是举办世界智能制造大会智领全球高峰会。中国工程院周济院长作了题为"中国智能制造发展战略研究"的主旨报告，首次发布中国工程院智造强国课题组为期一年的研究成果。闭幕式上，大会组委会发布了《世界智能制造合作发展南京倡议》，提出共建世界智能制造发展新平台等四点倡议；中国科协智能制造学会联合体发布了"世界智能制造十大科技进展"和"中国智能制造十大科技进展"；中国企业联合会发布了《中国智能制造绿

第三章
江苏智能制造发展现状与战略意义

皮书（2017）》等权威信息，进一步打造体现智能制造领域国际先进水平的高规格盛会。瑞典皇家工程院副院长白瑞楠（Magnus Breidne），德国工程院人工智能平台主席约翰内森·温特（Dr. Johannes Winter），美国机械工程师学会理事长萨德·贾哈米尔（Said Jahanmir），国际自动化学会（ISA）主席布莱恩·柯蒂斯（Brian Curtis），德国弗劳恩霍夫常任理事、亚琛工业大学副校长莱因哈特·波普拉维（Reinhart Poprawe），麻省理工学院自动识别中心创始人凯文·艾什顿（Kevin Ashton），世界著名管理大师赫尔曼·西蒙（Hermann Simon）等国内外知名专家、机构代表、世界500强企业代表参会并发表演讲。

二是举办了14个专题分论坛，围绕当前智能制造领域的前沿技术、商业模式、行业应用、解决方案、信息安全、产业变革、产业集群、区域特色、标准化等深入交流，探讨全新的产业要素、产业链、产业协作和产业生态打造路径。本次分论坛活动共计吸引参会人数3370人，其中演讲嘉宾128人，来自中国工程院、中国科学院和瑞典皇家工程院、德国工程院、美国国家工程院的众多知名院士以及IBM、埃森哲、华为、三菱、徐工等全球知名企业负责人参加了专题论坛并发表演讲。举办了"世界智能制造名城·市长论坛"，邀请江苏省13个城市、沈阳、武汉、赣州等国内智能制造名城市长围绕"智造重构城市产业体系：理念、模式与路径"展开讨论与交流。

三是举办世界智能制造大会智领全球嘉年华，汇聚部分地方政府、专业机构和知名企业的社会力量，开放办会，合作办会，结合各自优势，创新活动形式和活动内容，烘托大会主题，为大会预热。作为本届大会的新设板块，12月6日为大会"嘉年华日"，共吸引4176人参会，包括9场活动：2017中德智能制造产业化合作峰会、智慧江苏发展论坛、智能产业生态高峰论坛、工业4.0与流程工业智能化高峰论坛、中国制造2025江苏行动·领军企业家峰会、中德智能制造融合创新与发展论坛、第二届"江苏智造"创新大赛决赛、2017年江苏工业互联网大会暨江苏省企业信息化协会年会、产业集群发展工作座谈会，承办单位覆盖政、产、学、研、金、用各领域。活动期间，中国制造2025领军人才高级研修班、江苏"企业上云"三年行动计划等正式启动，为认真贯彻执行中国制造2025江苏行动、实施制造业发展人才战略、加快提升和优化制造业企业经营管理人才专业化水平提供了可行性路径。

2. 主要特点

2017世界智能制造大会是一次全面展示世界智能制造领域前沿技术的技术创新大会，是一次深入探讨世界智能制造未来全新图景的思想创新大会，是一次广泛推动世界智能制造领域深度合作的发展创新大会。呈现出六个方面的特点。

一是已成为全球智能制造合作交流的重要平台。国家部委关心重视。2017世界智能制造大会新增了中国工程院、中国科协两家主办单位，相比首届汇聚了更多高层次专家资源，提高了大会的行业权威性和专业影响力。各国专业机构十分支持。大会得到

第三章
江苏智能制造发展现状与战略意义

了德国工程院、瑞典皇家工程院、德国弗劳恩霍夫协会、美国机械工程师学会、国际自动化学会、美国激光学会等国际知名机构的支持，国际智能制造领域权威专家高度认可。大会论坛嘉宾共有257人，包括院士21人，其中两院院士16人，世界500强企业代表50人，外籍嘉宾70人。国际性企业踊跃参与。参会企业来自德、美、日、瑞典等10多个主要智能制造强国，企业规格高、数量大，具有相当的代表性和权威性。

二是组织重要成果发布和重大项目签约。围绕当前智能制造领域最新理念、技术、成果设置会议论坛活动，突出论坛话题的专业性和前瞻性，思想火花不断碰撞，具有专业深度和实践意义。中国工程院发布了《中国智能制造发展战略研究》报告，该报告是中国工程院智造强国课题组为期一年的研究成果的首次发布。中国科协发布了"世界智能制造技术与工程十大最新进展"和"中国智能制造技术与工程十大最新进展"，揭晓对智能制造发展影响深刻的科技成果，把握智能制造发展趋势。中国企业联合会发布了《中国智能制造绿皮书（2017）》，通过总结2015年以来我国智能制造发展取得的成效，探索成功经验和存在的主要问题，为下一步智能制造发展提出建议。闭幕式上，16个智能制造重大项目集中签约，正式落地南京。分论坛和嘉年华上，共计签约11项，涉及投资金额达百亿元，发布各项战略合作4项。

三是促进江苏企业参与国际交流。结合省内相关地区（园区）的产业特色，精心组织全省各地、高校院所、骨干企业与参会机构、企业和专家零距离全面对接，促进江苏智能制造产业深度参与国际交流。在会议论坛活动策划组织过程中，邀请中国中车、格力电器等在苏投资的业界知名度高、影响力大的企业家在主论坛等重点活动作主题报告；分论坛、嘉年华活动也根据相应主题设置，邀请了地平线机器人、朗坤等重点企业参与承办并作会议演讲。

四是探索市场化办会道路。本次大会共计有 28 场活动，活动主题设计严谨前瞻，会务执行专业有序，并开始探索市场化的道路。设置"嘉年华日"，利用社会力量办会，吸引政府部门、学会、园区和代表企业积极参与。探索建设网上世界智能制造大会，推动形成多元开放的交流、交易、合作平台。

五是推动形成全球智能制造合作机制。大会闭幕式发布了《南京倡议》，推动建立世界智能制造大会合作发展机制，进一步发挥大会平台影响力，在共建技术标准体系、构建协同创新平台、助力产业对接合作、打造发展生态系统等方面积极作为，促进智能制造模式在各行业各领域的集成应用。倡议得到了与会众多国内外机构与人士的热烈响应。

六是强化品牌影响力。大会邀请《人民日报》、《光明日报》、新华网、中央电视台、中央人民广播电台、《新华日报》、江苏电视台、交汇点、凤凰新闻、新浪、网易等知名媒体到会采访报道，共刊发大会报道 5944 篇、报刊 200 篇、论坛帖文 476 篇、博客文章 306 篇、微博 110 条、微信 2868 篇、手机软件客户端文章 1564 篇；网易主论坛直播参与观众高达近 200 万人，凤凰网累计网络直播观众 1500 万人次；新浪微博阅读量达 5591.7

万；大会召开当晚中央电视台《新闻联播》播发了"江苏南京2017世界智能制造大会举行"快讯，极大地提升了大会的对外影响力。

三、2018年第三届世界智能制造大会

在工信部、中国工程院、中国科协的大力支持下，第三届世界智能制造大会于2018年10月11~13日在南京成功举办。

1. 基本情况

本届大会以"赋能升级、智造未来"为主题，集产业盛会、前沿展示、赛事路演、高峰论坛、智能体验于一体，为国内外院所、机构、企业搭建了行业趋势发布、国际交流合作、技术产业对接、技术成果展示平台。大会设置了智领全球高峰会、智领全球博览会、智领全球发布会和智领全球嘉年华四大板块。据统计，大会期间，共有来自十余个国家和地区近200名重要嘉宾参会，其中，中外院士15人，参会参展企业共计近2000家，观展人数超10万人次。

2. 主要特点

结合当前智能制造领域最新理念、技术、成果，广泛邀请国内外知名机构、院所、高校以及龙头企业参与展示与分享，联合

国内外权威机构发布系列行业权威报告和成果，彰显了大会的行业权威性和专业影响力。主要特点如下。

一是突出专业性和前瞻性，论坛影响力持续提升。大会发布了《国家智能制造标准体系建设指南（2018年版）》和《2017~2018中国智能制造发展年度报告》，展示了我国智能制造在过去一年的研究总结成果。闭幕式上，世界智能制造合作发展机制发布了《2018世界智能制造大会执行机构关于携手构建大会支撑体系的倡议》。本届大会嘉宾的专业性和影响力很高，开幕式邀请了Arm物联网服务集团总裁迪佩什·帕特尔（Dipesh Patel）等中外智能制造领域代表企业负责人参与主题演讲。主论坛创新设置了"产品、技术与解决方案""组织创新与人才战略""产业生态和国际合作"三场主题对话，邀请了国内外知名专家、机构代表、世界500强和行业领军企业代表参会并发表演讲。

二是打造特色子品牌，不断创新优化环节。本届大会延续历届大会优质品牌，增设智领全球发布会作为大会成果发布官方平台，经过与各主承办单位对接及社会征集，工信部、中国科协等发布了《智能制造基础共性标准研究成果》《智能制造新模式最佳探索》《智能制造产业地图》《2017~2018中国机器人年度发展报告》《千寻云——智能制造知识服务平台》《世界智能制造十大科技进展》《中国智能制造十大科技进展》等一系列成果。通过对智能制造前瞻性研究、应用案例研究发布等形式，展现全球智能制造领域最新的科技成果，打造机制性发布品牌，提升大会影响力。

第三章

江苏智能制造发展现状与战略意义

三是合作共赢开放办会，专场活动丰富多样。本届大会广泛邀请国内外知名专业研究院所、高校，全省各市、区、县参与大会主题分论坛、嘉年华活动的主承办，并升级打造"智能制造周"概念。（1）新增国内权威机构作为主题分论坛执行单位。本届大会增加了国际智能制造联盟（筹）、中国电子信息产业发展研究院、电子工业出版社、中国机械工业联合会智能制造分会、工信部装备工业发展中心、中国服务机器人及特种机器人产业联盟等行业权威机构作为执行单位，并明确和落实每个分论坛都配有院士、外籍专家、知名企业负责人、"985"高校等权威资源，保证大会各个分论坛的层次和质量。（2）广邀国外合作机构参与大会。共有欧洲科学院、美国智能制造机器人协会、德国弗劳恩霍夫协会、瑞典皇家工程院、美国辛辛那提大学、日本筑波大学、新加坡国立大学等30余家国际机构和国外大学参会。（3）积极引导全省相关市（区）参与专场活动的组织承办。以开放、合作的方式引入专业机构、政府部门以及龙头企业共同参与，不断创新办会活动形式和内容，呈现出多样化、丰富化的特点，为大会论坛组织提供了有力保障。

四是注重示范和生态展示，展览水平再上台阶。同期举办的智领全球博览会，来自全球的259家企业参展。展区设立"赋能智造""生态智造""综合应用"三个主题馆，贯穿整个智能制造产业链。展览以智能制造的具体实践为核心，以实物展示的方式再现智能制造的新趋势、新模式以及与之相关的产业生态，包括系统解决方案、智能装备、物联网技术、工业软件、云制造技术、人工智能等重点内容，整体展示水平有所提升：（1）参展企业层次较高。19家参展的世界500强及智能制造领域领军企业，如航天科工、华为、达索、博西、微软、腾讯、菲尼克斯、国机集团、KUKA、海尔、中国中车、安川电机、中船重工、中兴通讯等，分别涉及智能制造解决方案、机器人、工业软件、工业互联网、核心器件等领域，在智能制造领域具有较强的代表性。（2）示范带动作用明显。本届展会吸引了工信部试点示范企业及行业领军示范企业45家，包含了智能制造的关键技术与设备、标准与支撑、应用实践等多个领域，涵盖航天航空、海洋装备、石油石化、电子信息、高档数控机床、机器人、轨道交通、新能源、电力装备等十余个领域的智能制造应用范例，充分体现了智能制造领域的新技术、新思路、新方案。（3）展示了智能制造领域最新成果。本届展会超过60%的企业携其最新产品参展，其中：航天科工以"云赋动能，智领未来"为主题，围绕业务全景、智能制造解决方案及应用实践、航天云网运营监控平台等方面，立体展示了公司在工业互联网及智能制造领域的发展实力；达索系统展示了多学科协同、虚拟调试与试运行、交互式车间、沉浸式人机合作装配培训等世界级先进技术；海尔重点展示了全球首家引入用户全流程参与体验的工业互联网平台COS-MOPlat；沈阳机床展示了首批通过可信服务认证的iSESOL工业互联网平台、基于i5运动控制核心技术的i5OS智能化操作系统和智能制造共享中心－5D智造谷版块。省智能网联汽车展区围绕创新发展、产业生态、科技革命、试验测试和自动驾驶五

第三章
江苏智能制造发展现状与战略意义

个方面,全面展示了江苏省在智能网联汽车领域最新的科研成果与核心技术。

五是整合全媒体资源,大会影响力不断增强。大会期间,中央电视台、央广网、《人民日报》、《半月谈》、新华社、《中国电子报》、中国工业报社等中央级媒体,上海第一财经、澎湃新闻、《现代快报》、《新华日报》等省级媒体,网易、新浪、腾讯、今日头条等网络媒体,《发现·南京》、《华侨时报》、《欧洲时报》、香港商报网等外宣媒体,中国工控网、《机电商报》等专业媒体,扬州网、淮安新闻网等都市圈媒体共近100家媒体到会采访报道。据统计,10月10~15日有关大会的相关信息总量7930条,包括微博2580条、新闻网站2471条、微信1148条、客户端1069条、报刊150条等。其中,中央媒体宣传力度三年来最大,大会召开当天央视综合频道《新闻联播》、央视新闻频道《午间新闻》、央视财经频道和中文国际频道均对大会开幕进行了播报。《人民日报》10月10日刊发题为"南京,打造具有全球影响力的创新名城"专版,《中国工业报》用1个整版对大会盛况进行了报道,新华社整合传播了70余条大会相关稿件,阅读量近1亿。新华网江苏频道、新浪江苏、今日头条、百度等新媒体点击曝光量超过2800万;中新社海外部门向境外媒体推送稿件,在亚太地区主流媒体以多种语言落地,扩大大会海外传播影响力。

2019年第四届世界智能制造大会已经国家批准,目前正在积极筹备中。

第三节　江苏发展智能制造的战略意义

习近平总书记在党的十九大报告中强调:"加快建设制造强国,加快发展先进制造业,推动互联网、大数据、人工智能和实体经济深度融合,在中高端消费、创新引领、绿色低碳、共享经济、现代供应链、人力资本服务等领域培育新增长点、形成新动能。"把"推动互联网、大数据、人工智能和实体经济深度融合"的指示要求落到实处,最重要最关键的一项抓手举措就是推行智能制造模式。从理论认识看,对智能制造的基本概念趋于明确。智能制造是基于新一代信息通信技术与先进制造技术深度融合,贯穿于设计、生产、管理、服务等制造活动的各个环节,具有自感知、自学习、自决策、自执行、自适应等功能的新型生产方式[1]。从政府推动看,对智能制造的工作部署形成体系。2015年国务院印发《中国制造2025》,明确智能制造主攻方向,2016年工信部、财政部印发《智能制造发展规划(2016~2020年)》,启动实施智能制造工程,2017年国务院发布《新一代人工智能发展规划》,对加快发展智能制造作出顶层设计和工作部署;江

---

[1] 工业和信息化部、财政部:《智能制造发展规划(2016~2020年)》,2016年。

第三章

江苏智能制造发展现状与战略意义

苏制定出台了《中国制造 2025 江苏行动纲要》《江苏省"十三五"智能制造发展规划》，组织实施智能制造工程和企业制造装备升级、互联网化提升两个计划，以及加快发展智能制造的行动举措和政策措施。从企业实践看，对智能制造的实施效果给予肯定。用工贵、招工难使企业对数字化、网络化、智能化改造产生巨大需求，越来越多的企业通过智能制造响应市场需求变化，实现优质、高效、低耗、清洁、灵活的生产，从而取得理想的经济社会效益。据初步统计，江苏已创建的 388 家省级示范智能车间中，装备联网率达 87.8%，一线生产人员平均减少 20%，综合生产成本平均降低 22% 左右。加快发展智能制造，已经成为全省各级推进制造业迈向中高端发展、培育经济增长新动能的必由之路，也是抢占未来经济和科技发展制高点的战略选择，对于推动制造业供给侧结构性改革，打造制造业竞争新优势，支撑制造强省建设具有重要战略意义。

一、发展智能制造是提升制造业整体素质的客观要求

江苏是全国重要的制造业基地，规模总量大、产业体系全、作用贡献多。2018 年，全省规模以上工业企业实现主营业务收入 12.8 万亿元，比上年增长 7.3%，利润总额 8491.9 亿元，比上年增长 9.4%，均保持全国领先；产业体系完善，工业门类齐全，八大主要行业长期在国内同行业中处于第一方阵，六个行业产值

过万亿元，机械、纺织行业总量居全国首位，电子、石化、冶金、医药行业居全国第二；工业贡献了全省38.6%的地区生产总值、98%以上的出口总额、43%的从业人员（第二产业），第二产业就业人员人均创造增加值为16.4万元，比2012年累计提高22.9%，对稳定经济增长、创造社会财富、增进民生福祉发挥了重要作用。但制造业总体处于产业链中低端加工制造环节，产品附加值不高，质量效益有待提升。工业增加值率长期徘徊在22%左右，低于24%的全国平均水平；工业全员劳动生产率不到2.2万美元/人，仅为挪威的1/9、美国的1/5。作为新一代信息技术与制造业深度融合的关键载体，智能制造可以帮助制造业企业实现生产制造与市场多样化需求之间的动态匹配，增加产出、减少消耗、提高品质，大幅提高劳动生产率。据美国智能制造领导力联盟（SMLC）估算，若能够高效地利用资源和供给，采用智能制造技术的车间将能够普遍提升整体运营效率10%，提高能源效率25%，减少面向消费者的包装25%，降低安全事故25%，缩短生产周期40%，减少用水量40%[①]。因此，加快发展智能制造，对推进制造业转型升级、提质增效具有重大意义。

二、发展智能制造是破解结构性矛盾的迫切需要

江苏经济进入高质量发展阶段，供给侧与需求侧结构性矛盾

---

① Economic Benefit [R]. Smart Manufacturing Leadership Coalition, Accessed November 5, 2016.

第三章

江苏智能制造发展现状与战略意义

日益突出，制造业单纯规模扩张越来越难以满足消费升级需求，由此引发的过剩产能、无效产能拖累了经济向中高端迈进的步伐。2015年规模以上工业企业产能利用率均值为76.7%，低于国际79%～83%的下限，产能过剩行业产值占全省工业总产值比重高达83.6%[1]。随着新一代信息技术与制造业加速融合，网络协同制造、个性化定制与服务型制造等新型制造模式快速发展，将深刻影响和变革传统制造的管理方式和资源组织方式。制造企业管理发生变革，面向动态、多样化的消费需求，搭建开放式创新平台，推动向网络化、扁平化、平台化的管理模式转型；制造企业聚焦产业链协同，搭建网络化协同创新平台，通过制造资源、生产能力的集成整合、在线分享和优化配置，打造目标一致、信息共享、资源与业务高效协同的社会化制造体系；制造企业利用自身业务优势，进行产业链整合，推动产学研"双创"资源的深度整合和开放共享，促进形成资源富集、创新活跃、高效协同的产业创新生态。加快发展智能制造，以新技术、新产业、新业态、新模式为核心，以知识、技术、信息、数据等新生产要素为支撑，从供需两端推进结构升级，扩大中高端有效供给，将为推进供给侧结构性改革、培育经济增长新动能提供强大动力。

---

[1]《新发展理念引领新江苏建设》，第45页。

三、发展智能制造是缓解环境资源约束的重要途径

江苏能源自给率低,能源利用效率不高,每万元 GDP 能耗是世界平均水平的 1.4 倍、美国的 1.8 倍、日本的 2.9 倍。全省土地开发强度达到 22%,苏南部分地区超过 30%。苏州工业用地每年需求量在 5 万亩以上,实际指标仅有 1.75 万亩。"十三五"期间,江苏省将实施能耗强度、能耗总量和煤炭消费"三控"措施,资源消耗加剧和环保硬约束更加收紧,未来江苏省环境承载能力与产业发展矛盾将更为突出。智能制造从源头支持生态环境保护、资源高效利用和本质安全发展,强调对产品设计、制造、包装、运输、使用、报废等全生命周期的能源管控优化,追求制造系统绿色低碳、精准高效、环境友好,有利于缓解资源环境约束,为推动产业绿色发展贡献新力量。

四、发展智能制造是在更高层次上参与全球制造业竞争合作的必然选择

随着"工业 4.0"概念于 2013 年由德国政府正式提出,全球掀起了发展智能制造的热潮,通过大力发展智能制造,力争在新一轮产业变革中,抢占实体经济发展的先机。在此背景下,美

第三章

江苏智能制造发展现状与战略意义

国、日本等发达国家纷纷提出了具有本国特点的制造业发展中长期规划，并逐步搭建在智能制造大背景下的新型工业体系，其中在关键基础零部件制造、智能化成套装备制造等环节，发达国家利用核心技术优势，加速推进高端制造业从中国向本土的回流；与此同时，包括巴西、印度、越南等发展中国家，也积极响应智能制造发展趋势，从国家战略高度大力推行传统制造业的改造升级，发挥当地人力成本低廉的优势，推进中低端配件制造环节从中国向当地转移，并加速智能制造装备国产化进程。高端制造业向欧美回流、中低端制造业加速流向发展中国家，全球第四次产业转移正在悄然发生。江苏制造以低成本、低价格、大销量为主的粗放式发展模式已经难以为继，加强核心技术研发能力、树立具有国际影响力的知名品牌、打造智能制造发展新业态、新模式，已经成为全球产业竞争合作新格局下把握全球制造业重要发展趋势、抢抓新一轮工业革命重要发展机遇、构筑江苏省制造业核心竞争优势的必然选择。

第四章
江苏智能制造发展目标定位与路径选择

第四章

江苏智能制造发展目标定位与路径选择

当前,德国等制造强国已经完成"工业 2.0"(大规模制造机械化)、"工业 3.0"(工业自动化),并开始"工业 4.0"(智慧工厂)探索。而江苏的发展现状是:"工业 2.0"需要补课,"工业 3.0"要加快普及,"工业 4.0"有望进行小规模示范,面临"并行推进、跨越发展"挑战。既要实现传统产业的转型升级,又要实现在高端领域的跨越式发展,任务十分艰巨。必须坚持把加快发展智能制造作为实现两化深度融合、推进产业转型升级的战略选择,以虚拟现实技术、精密制造技术、信息技术、人工智能技术与工业产品的融合发展为重点突破领域,加快建设具有国际竞争力的先进制造业基地,全力推进江苏制造向江苏创造转变。

第一节　江苏智能制造发展的指导思想

以全面贯彻党的十九大精神和习近平新时代中国特色社会主义思想为指导，全面落实《中国制造2025》和推进供给侧结构性改革部署，将发展智能制造作为长期坚持的战略任务，分类别、分层次指导，分行业、分步骤推进，"十三五"期间同步实施数字化制造基本普及、网络化制造加快推进、智能化制造示范引领，以构建新型制造体系为目标，以实施智能制造工程为重要抓手，着力提升关键技术装备安全可控能力，着力增强基础支撑能力，着力提升集成应用水平，着力探索培育新模式，着力营造良好发展环境，为培育经济增长新动能、打造制造业竞争新优势、建设制造强省奠定扎实的基础。

第四章

江苏智能制造发展目标定位与路径选择

第二节　江苏智能制造发展的基本原则

一、坚持市场主导、政府引导

充分发挥市场在配置资源中的决定性作用，强化企业市场主体地位，以需求为导向，激发企业推进智能制造的内生动力。发挥政府在规划布局、政策引导等方面的积极作用，形成公平市场竞争的发展环境。

二、坚持创新驱动、开放合作

建立健全创新体系，推进"产学研用"协同创新，激发企业创新创业活力，加强智能制造技术、装备与模式的创新突破。坚持互利共赢，扩大对外开放，加强在标准制定、人才培养、知识产权等方面的国际交流合作。

三、坚持统筹规划、系统推进

统筹整合优势资源，加强顶层设计，调动各方积极性，协调推进。针对制造业薄弱与关键环节，系统部署关键技术装备创新、试点示范、标准化、工业互联网建设等系列举措，推进智能制造发展。

四、坚持遵循规律、分类施策

立足省情，准确把握智能制造的发展规律，因势利导，引导行业循序渐进推进智能化。针对不同地区、行业、企业发展基础、阶段和水平差异，加强分类施策、分层指导，加快推动传统行业改造、重点领域升级、制造业转型。

第四章

江苏智能制造发展目标定位与路径选择

第三节　江苏智能制造发展的目标定位

推进智能制造发展实施"三步走"战略：

第一步，到2020年，智能制造发展基础和支撑能力明显增强，传统制造业重点领域基本实现数字化制造，有条件、有基础的重点产业智能转型取得明显进展，智能制造成为新的重要经济增长点，智能制造技术应用成为改善民生的新途径，有力支撑制造强省建设。

——智能制造技术装备实现突破。研发一批智能制造关键技术装备，具备较强的竞争力。突破一批智能制造关键共性技术。核心支撑软件国内市场满足率超过一定比例。

——智能制造发展基础明显增强。智能制造标准体系基本完善，制（修）订智能制造标准50项以上，创建1000个智能车间，面向制造业的工业互联网及信息安全保障系统初步建立。

——智能制造发展环境获得优化。在重点领域全面展开创新应用，聚集起一批高水平的人才队伍和创新团队，部分领域的智能制造伦理规范和政策法规初步建立。

第二步，到2025年，智能制造基础理论实现重大突破，部分技术与应用达到世界领先水平，初步形成江苏智能制造综合创新体系，智能制造成为带动产业升级和经济转型的主要动力，智能社会建设不断深入。

——智能制造生态体系初步形成。培育 5 个以上主营业务收入超过 10 亿元，具有较强竞争力的系统解决方案供应商，智能制造人才队伍基本建立。

——重点领域发展成效显著。制造业重点领域企业数字化研发设计工具普及率超过 70%，关键工序数控化率超过 50%，智能车间（工厂）建成率超过 40%，运营成本、产品研制周期和产品不良品率大幅度降低。

——智能制造产业进入全球价值链高端。初步建成 2~3 个在国际上有一定影响力的智能制造平台，在智能制造的一些重大与关键领域具备取得实质性突破的能力，智能制造的重点产业初步实现转型。

第三步，到 2035 年，智能制造理论、技术与应用总体达到世界领先水平，成为世界主要智能制造创新中心之一，智能经济、智能社会取得明显成效，为中国跻身创新型国家前列和制造强国奠定重要基础、发挥示范作用。

——形成较为成熟的新一代智能制造理论与技术体系。在基础共性技术和关键核心技术方面取得重大突破，在国际智能制造研究领域具有重要影响，占据智能制造科技制高点。

——智能制造产业竞争力达到国际领先水平。形成涵盖核心技术、关键系统、支撑平台和智能应用的完备产业链和高端产业群。

——形成一批全球领先的智能制造科技创新和人才培养基地，建成更加完善的人工智能法律法规、伦理规范和政策体系。

第四节　江苏智能制造发展的主攻方向

突出技术高端、强化研发创新，着力发展具有自主知识产权的智能制造装备、工业软件系统、系统集成服务、智能终端产品，实现关键核心工艺和技术的重大突破，加快实现创新成果产业化，构建智能制造产业体系。

一、智能制造装备

1. 智能传感与控制装备

重点研究开发高性能传感器、微机电系统传感器、视觉传感器及智能测量仪表、无线射频等数据采集关键部件，分散式控制系统（DCS）、可编程逻辑控制器（PLC）、数据采集系统（SCADA）、高性能高可靠嵌入式控制系统装备，高端调速装置、伺服系统、液压与气动系统等传动系统装备。

2. 智能检测与装配装备

在线无损检测系统装备，非接触精密测量装备，可视化柔性

第四章

江苏智能制造发展目标定位与路径选择

装配装备，激光跟踪测量、柔性可重构工装的对接与装配装备，智能化高效率强度及疲劳寿命测试与分析装备，基于大数据的在线故障诊断与分析装备。

3. 高档数控机床与基础制造装备

高精、高速、智能、复合、柔性五轴联动加工中心等重型数控工作母机，大型数控成形冲压、重型锻压、清洁高效铸造装备，新型焊接及热处理装备，特种加工机床等。

4. 工业机器人

弧焊及复合焊接、关节型喷涂，精密及重型装配、平面关节型搬运等专用机器人，高传动效率、高制造精度、低制造成本的机器人减速器，高性能多关节伺服控制器、高精度伺服驱动器等关键零部件。

5. 增材制造装备

激光/电子束高效选区熔化、大型整体构建激光及电子束送粉/送丝熔化沉积等金属增材制造装备，光固化成形、熔融沉积成形、激光选区烧结成形、无模铸型、喷射成形等非金属增材制造装备。

6. 智能物流成套设备

高速大容量自动输送装备、智能引导运载设备、高速分拣装备、智能化高密度仓储装备等具有网络智能监控、动态优化、高效敏捷的智能制造物流设备。

7. 专用高端智能装备

面向集成电路、先进轨道交通、节能环保、工程和农业、新能源、新材料、冶金、纺织等重点行业的智能化生产需求，高效、绿色、智能的大型成套智能装备。

重点发展的专用高端智能装备

集成电路制造装备。突破新型元器件、大规模集成电路、新型显示、电子整机装联等制造设备"瓶颈"，重点开发焊接、固化、封装、测试等成套设备。

先进轨道交通装备。突破轨道交通节能环保、安全保障、智能化网络技术，研制先进可靠的高速、重载、便捷、绿色的轨道交通装备，大力发展高速动车组、地铁整车、磁悬浮列车、轨道交通大型施工和养护装备，提升整车制造、传动系统、门系统、控制系统、售检票系统、检测系统、通信系统等研制水平。

节能环保装备。发展具有能耗监控、远程监控功能的余热余压利用装备、节能监测装备等高效节能装备，大气污染监测、工业固体废物回收利用、重金属及有害有毒废物处置、污水无害化处理、污染土壤修复等向先进环保装备。

第四章
江苏智能制造发展目标定位与路径选择

工程和农业装备。开发面向工程和农业装备的液压部件、传动部件、配套动力系统等核心部件和系统，提升自主研制配套能力。加快产品智能化升级换代，发展智能挖掘机、大吨位装载机、起重机、重型架桥机和大型高等级路面施工设备、建筑施工设备等工程装备以及大型高效智能化耕种、灌溉、收割等农业机械及自动化规模化设施农业装备。

新能源制造装备。研发太阳能电池成套设备、风力发电装备、绿色照明装备等专用成套制造设备。

新材料制备成套装备。突破高性能碳纤维、石墨烯、纳米材料、陶瓷膜、功能性高分子等新材料制备关键技术和制备工艺，研制具有自主知识产权的超高温热压成型、先进熔炼、高温炭化、气氛烧结、气相沉积、聚合反应、高效合成等新材料制备成套装备。

冶金成套装备。开发具有特种参数在线检测、自适应控制等功能的冶金成套装备，研制钢铁冶炼、连铸连轧、高精度探伤仪、不锈钢延压加工等成套装备。

高端纺织成套装备。开发具有卷绕张力控制、半成品单位重量、染化料浓度、色差等物理、化学参数的检测与控制，可实现物料自动配送的纺纱、制造、染整、制成品加工成套装备，包括高速剑杆织机、高速经编机等。

——《江苏省"十三五"智能制造发展规划》

二、工业软件系统

1. 高端工业软件

基于数据驱动的三维设计与建模软件、数值分析与可视化仿真软件等设计仿真软件，高安全、高可靠的嵌入式实时工业操作系统、嵌入式组态软件等工业控制软件，具有自主知识产权的制造执行系统（MES）、企业资源管理软件（ERP）、供应链管理软件（SCM）、产品全生命周期管理软件（PLM）等业务管理软件，嵌入式数据库系统与实时数据智能处理系统、数据挖掘分析平台、基于大数据的智能管理服务平台等数据管理软件。

常用工业软件分类

研发设计类：计算机辅助设计（CAD）、计算机辅助工程（CAE）、计算机辅助工艺过程设计（CAPP）、计算机辅助制造（CAM）、产品全生命周期管理（PLM）等；

运营管理类：企业资源计划（ERP）、供应链管理（SCM）、客户关系管理（CRM）、电子商务等；

第四章

江苏智能制造发展目标定位与路径选择

生产控制类：制造执行系统（MES）、高级计划排产系统（APS）等。

---

2. 云计算

弹性计算、资源监控管理与调度、安全控制管理、艾字节级数据存储与处理、数据中心绿色节能、虚拟整合等关键技术，低能耗芯片、高性能服务器、海量存储设备、网络大容量交换机等核心云基础设备，支撑云计算应用的新型终端产品及配套产品。

3. 大数据

海量数据存储、数据清洗、数据分析发掘、数据可视化等关键技术，大数据处理、分析、可视化软件和硬件支撑平台等产品。

4. 工业互联网

基于 IPv6、4G/5G 移动通信、短距离无线通信和软件定义网络（SDN）等新型技术的工业互联网设备与系统；核心信息通信设备；工业互联网标识解析系统与企业级对象标识解析系统；工业互联网测试验证平台建设；工业互联网标识与解析平台建设；基于 IPv6、软件定义网络（SDN）等新技术融合的工业以太网建设；覆盖装备、在制产品、物料、人员、控制系统、信息系统的工厂无线网络建设试点；工业云计算、大数据服务平台建设。

5. 人工智能

类脑研究等基础理论和技术，基于人工智能的计算机视听觉、生物特征识别、新型人机交互、智能决策控制等应用技术研发和产业化。

6. 信息安全

基于 OPC–UA 的安全操作平台、可信计算支撑系统、可信软件参考库、工业控制网络防护、监测、风险分析与预警系统、信息安全数字认证系统、工业防火墙、工业通信网关、工业软件脆弱性分析产品、工控漏洞挖掘系统、工控异常流量分析系统、工控网闸系统、安全可靠的工业芯片、网络交换机；工业互联网安全监测平台、信息安全保障系统验证平台和仿真测试平台、攻防演练试验平台、在线监测预警平台、通信协议健壮性测试验证平台、工业控制可信芯片试验验证平台、工控系统安全区域隔离、通信控制、协议识别与分析试验验证平台的建设，建立工业信息安全常态化检查评估机制、信息安全测评标准与工具；工业控制网络安全监测、信息安全防护与认证系统建设试点，系统边界防护、漏洞扫描、访问控制、网络安全协议以及工业数据防护、备份与恢复技术产品的应用示范。

第四章

江苏智能制造发展目标定位与路径选择

三、系统集成服务

推进智能制造关键技术装备、核心支撑软件、工业互联网等系统集成应用，运用智能控制系统、工业应用软件、能源管控软件、故障诊断软件、传感和通信系统协议等软件系统、通信技术对现有装备进行适应性改造，提升现有装备的可接入水平和装备之间数据交互能力，实现研发设计、生产加工、制造物流到远程智能诊断的全流程信息数据集成，提供智能制造方案设计、软件开发、装备改造、技术支持、检测维护等服务，包括面向智能工厂和数字化车间的整体解决方案；面向研发环节数字化、制造环节数字化、物流环节智能化、企业管理信息化、工业互联服务等环节的局部解决方案。

四、智能终端产品

智能工业机器人、智能服务机器人和空间机器人、海洋机器人、极地机器人等特种智能机器人，自动驾驶汽车和轨道交通系统，消费类和商用类无人机、无人船、虚拟显示器件、光学器件、高性能真三维显示器、开发引擎等产品，新一代智能手机、车载智能终端等移动智能终端产品和设备，智能电视、智能音响、智能照明、智能安防等智慧家庭产品，智能手表、智能耳机、智能眼镜等可穿戴终端产品。

第五节　江苏智能制造发展的实施路径

准确把握世界智能制造发展趋势，主动适应国际需求调整、国内消费升级新变化，认真贯彻落实《中国制造 2025》提出的新要求，立足江苏制造基础优势，以加快新一代信息技术与制造业深度融合为主线，重点在创新体系、试点示范、融合应用、合作机制、区域协同等方面实施突破。

一、着力构建"产学研"深度融合的技术创新体系，研发攻关智能制造关键核心技术和自主装备

1. 强化智能制造基础研究

加强原创导向，激励新概念、新构思、新方法、新工具的创造，力争在更多领域引领世界科学研究方向。聚焦智能制造重大科学前沿问题，兼顾当前需求与长远发展，超前布局自主协同控制与优化决策、高级机器学习理论、类脑智能计算理论、大数据智能理论等可能引发智能制造范式变革的基础研究，鼓励开展跨

第四章

江苏智能制造发展目标定位与路径选择

学科研究，促进人工智能、计算机科学、物理学、机械学、材料学、心理学、经济学、管理学、社会学等相关基础学科交叉融合，为智能制造持续发展与深度应用提供科学储备。

2. 建立智能制造技术体系

围绕感知、控制、决策和执行等智能功能的实现，针对智能制造关键技术装备、智能产品、重大成套装备、数字化车间/智能工厂的开发和应用，推进产学研用联合创新，开展机构/材料/驱动/传感/控制与仿生的创新技术、智能机器人感知与认知技术、智能机器人学习与智能增值技术、人机自然交互与协作共融技术等前沿技术研究，突破新型传感技术、模块化/嵌入式控制系统设计技术、先进控制与优化技术、系统协同技术、故障诊断与健康维护技术、高可靠实时通信、功能安全技术、特种工艺与精密制造技术、识别技术、建模与仿真技术、工业互联网、人工智能等关键共性技术，研发智能制造相关的核心支撑软件，布局和积累一批核心知识产权，取得原创性创新成果，为实现制造装备和制造过程的智能化提供技术支撑。

智能制造技术

1. 网络协同制造

开展工业信息物理融合理论与系统、工业大数据等前沿技术研究，突破智慧数据空间、智能工厂异构集成等关键技术，发展"互联网+"制造业的新型研发设计、智能工程、云服务、个性化定制等新型模式，培育一批智慧企业，开展典型示范应用。

2. 智能装备与先进工艺

开展非传统制造工艺与流程、重大装备可靠性与智能化水平等关键技术研究，研制一批代表性智能加工装备、先进工艺装备和重大智能成套装备，引领装备的智能化升级。

3. 智能机器人

开展下一代机器人技术、智能机器人学习与认知、人机自然交互与协作共融等前沿技术研究，攻克核心部件关键技术，工业机器人实现产业化，服务机器人实现产品化，特种机器人实现批量化应用。

4. 增材制造

开展高性能金属结构件激光增材制造控形控性等基础理论研究，攻克高效高精度激光增材制造熔覆喷头等核心部件，研发金属、非金属及生物打印典型工艺装备，构建相对完善的增材制造技术创新与研发体系。

5. 激光制造

开展超快脉冲、超大功率激光制造等理论研究，突破激光制造关键技术，研发高可靠长寿命激光器核心功能部件、国产先进激光器以及高端激光制造工艺装备，开发先进激光制造应用技术和装备。

6. 制造基础技术与关键部件

研究关键基础件、基础工艺等基础前沿技术，建立健全基础数据库，完善技术标准体系和工业试验验证平台，研制一批高端产品，提高重点领域和重大成套装备配套能力。

7. 工业传感器

开展工业传感器核心器件、智能仪器仪表、传感器集成应用等技术攻关，加强工业传感器技术在智能制造体系建设中的应用，提升工业传感器产业技术创新能力。

——《"十三五"国家科技创新规划》

---

3. 布局智能制造创新平台

以提升智能制造科技创新能力为目标，着眼长远和全局，布局建设重大科技设施，统筹建设国家和省级实验室、技术创新中心、企业技术中心、工程技术研究中心、工程研究中心、工程实验室、企业重点实验室等科研基地。围绕智能制造重大共性技术需求，整合骨干企业、科研院所、高等学校、行业组织等创新资源，建立市场化的创新方向选择机制和鼓励创新的风险分担、利益共享机制，建设跨领域、跨区域的制造业创新中心，开展高端数控系统、工业数据采集与管理、企业级管理决策系统、智能工业安全、智能工业控制等智能制造关键共性重大技术研究和产业化应用示范。

4. 实施智能制造攻关专项

支持有条件的单位承担国家科技重大专项——"核高基""高端数控机床与基础制造装备"和科技创新2030——"智能制造和机器人"等项目,推动专项成果应用及产业化。省级实施高端装备研制赶超工程,聚焦高档数控机床、先进机器人、增材制造装备、智能成套装备等重点领域,对标国际同类产品先进水平,面向全省公开征集项目建议,组织竞争性评审,安排专项资金实施攻关,掌握一批具有自主知识产权的智能制造核心技术和系统软件,突破一批首台(套)高端智能装备和关键零部件。

国家重大科技项目(智能制造领域)

国家科技重大专项

高档数控机床与基础制造装备。重点攻克高档数控系统、功能部件及刀具等关键共性技术和高档数控机床可靠性、精度保持性等关键技术,满足航空航天、汽车领域对高精度、高速度、高可靠性高档数控机床的亟需,提升高档数控机床与基础制造装备主要产品的自主开发能力,总体技术水平进入国际先进行列,部分产品国际领先。

第四章
江苏智能制造发展目标定位与路径选择

科技创新2030——重大项目

智能制造和机器人。以智能、高效、协同、绿色、安全发展为总目标,构建网络协同制造平台,研发智能机器人、高端成套装备、三维(3D)打印等装备,夯实制造基础保障能力。

——《"十三五"国家科技创新规划》

二、着力推进智能制造试点示范,打造一批智能制造示范车间和示范工厂

1. 加快智能车间建设

智能车间是制造业智能化改造基础。目前多数制造业企业难以承受新建智能工厂的高昂成本,而技术改造是推动制造业采用先进智能装备、促使生产系统智能化的有力措施,是提高企业技术水平、实现产品转型升级的有力手段,也是政府支持制造业实现智能制造转型的努力方向。以实施《江苏省企业制造装备升级计划》为抓手,按照智能转型、绿色发展、安全可控的要求,推进企业装备自动化、数字化、智能化升级,实现关键工序核心装备"数控一代"全覆盖。突出智能化改造方向,持续推进实施"百项千亿"技术改造项目,针对原材料工业、装备工业、消费

品工业等传统制造业环境恶劣、危险、连续重复等工序的智能化升级需要，推广数字化技术、系统集成技术、关键技术装备、智能制造成套装备，建设智能车间，培育离散型智能制造、流程型智能制造、网络协同制造、大规模个性化定制、远程运维服务等新模式，推动创新成果产业化，全面提升设计、制造、工艺、管理水平。研究制定智能车间建设标准和认定办法，选择有意愿且行业示范带动作用强的企业进行智能车间建设诊断、认定和授牌。

江苏省示范智能车间申报要素

1. 智能装备广泛应用

自动化生产线、机器人等自动化、智能化生产、试验、检测等设备台套（产线）数占车间设备台套（产线）数比例不低于70%。

2. 车间设备互联互通

采用现场总线、以太网、物联网和分布式控制系统等通信技术和控制系统，建立车间级工业互联网，车间内自动化、智能化设备联网数占自动化、智能化设备总量的比例不低于70%。

3. 生产过程实时调度

生产设备运行状态实现联网实时监控、故障自动报警和设备故障预诊断，生产任务指挥调度实现可视化，关键设备能够自动调试修复；车间作业基于主生产计划自动生成，生产制造过程中

第四章

江苏智能制造发展目标定位与路径选择

物料投放、产品产出数据实现自动采集、实时传送,并可根据计划、物料、设备等数据的变化和异常自动实现动态调度。

4. 物料配送实现自动

生产过程广泛采用二维码、条形码、电子标签、移动扫描终端等自动识别技术设施,实现对物品流动的定位、跟踪、控制等功能,车间物流根据生产需要实现自动挑选、实时配送和自动输送。

5. 产品信息实现生产过程可追溯

在关键工序采用智能化质量检测设备,产品质量实现在线自动检测、报警和诊断分析,质量信息自动录入信息系统;在原辅料供应、生产管理、仓储物流等环节采用智能化技术设备实时记录产品信息,每个批次产品均可通过产品档案进行生产过程和使用物料的追溯;必要时,对大型、重要装备或需要远程诊断的产品,运用智能化技术设备进行远程监测与控制、自动分析与处理故障、挖掘应用相关数据,实现产品信息生产过程可追溯。

6. 车间环境实现智能管控

根据车间生产制造特点和需求,配备相应的车间环境(热感、烟感、温度、湿度、有害气体、粉尘等)智能监测、调节、处理系统,实现对车间工业卫生、安全生产、环境自动监控、自动检测、自动报警等智能化控制,安全生产防护符合行业规范要求;车间废弃物处置纳入信息系统统一管理,处置过程符合环境保护、安全生产的规定和要求;对于存在较高安全与环境风险的车间，应建立在线应急指挥联动系统，实现安全可控。

7. 资源能源消耗实现智能管控

建立能源综合管理监测系统，主要用能设备实现实时监测与控制；建立产耗预测模型，车间水、电、气（汽）、煤、油以及物料等消耗实现实时监控、自动分析，实现资源能源的优化调度、平衡预测和有效管理。

8. 车间网络系统实现安全可控

建立完善的网络安全制度，及时备份重要数据，实现双机热备；车间部署的互联网、局域网、物联网、以太网和现场总线等网络环境具备较好的网络安全事件应急响应、恢复等能力，应用防病毒软件、防火墙，采取漏洞扫描、运维审计等防护措施，网络系统实现安全可控。

9. 经济效益明显提升

车间实施智能化改造升级后，劳动强度大幅降低，工作环境明显改善，生产效率明显提升；不良品率显著降低，产品质量明显提升；万元产值综合能耗显著降低，能源利用效率明显提升；节水节材量显著提高，资源利用效率明显提升。

10. 积极应用国产核心软件和核心装备

车间层积极应用制造执行系统、高级排程系统、仓储管理系统等核心国产软件以及高档数控机床与工业机器人、智能传感与控制装备、智能物流与仓储装备、智能检测与装配装备以及增材制造装备等核心国产装备，国产装备、国产软件产品数量、价值占比较高。

第四章

江苏智能制造发展目标定位与路径选择

11. 车间与车间外部实现联动协同

车间与车间外部信息系统实现联通，相关数据实现自动接收、自动反馈；集成应用计算机辅助设计及仿真系统、制造执行系统（MES）、企业资源计划管理系统（ERP）、分布式控制系统（DCS）等信息与自动化系统，车间之间实现管控一体化。

——江苏省经信委《关于做好2017年示范智能车间申报工作的通知》

太仓市同维电子有限公司网络通信设备智能生产车间

太仓市同维电子有限公司专业从事三网融合领域中的计算机、互联网通信和网络终端产品的研发、生产及销售，已形成在通信终端产品方面完整的研发体系和生产线，产品涵盖DSL、PON、EOC、PLC、Wi-Fi、交换机、摄像头7个大类100多个品种，是中国电信企业的主要供应商，并成功应用于英、德、法等国电信客户。2017年销售收入36.82亿元，入库税收8707万元，净利润1384万元。2015年，网络通信设备智能生产车间获评江苏省示范智能车间。

一、项目内容

项目投资35000万元，从自动化、信息化、标准化三个方面重点进行智能化建设和改造，推行智能制造模式，以实现作业自动化、管理科学化、制造智能化。

1. 自动化建设

打造"机器人+非标设备+人工操作"的柔性生产线，重点推进电源自动化、插件、测试和包装工序机器人自动化生产线等项目。分"四步走"重点推进智能车间建设，改进公司生产模式：

第一步，推进"机器换人工"。对于生产过程中单一、琐碎的重复性作业以及危险度高、强度大、重污染等工序，通过引进先进的智能化、自动化的机械设备，缓解用工压力，降低用工及管理成本，保障安全环保生产。

第二步，推进"自动换机械"。通过引进国内外先进的自动化线体、智能化设备，引入自动化、智能化生产模式，实现一人多机作业，有序高效生产。

第三步，推进"成套换单台"。通过新工艺的开发和重组，形成连续高效集成的自动化生产线，实现综合效益最大化。

第四步，推进"智能换数字"。目前拥有自动化设备占总设备的70%以上，通过自动检测、智能仿真、流程控制、模拟人工判断、自动故障排除等高端先进技术，实现管理智能化，不断追求精益生产，并通过信息化建设等领域升级创新，真正实现"智能制造"。

2. 信息化建设

2015年9月，公司引进IBM咨询公司联手打造高端制造智能信息系统。其中，重点打造Oracle EBS（ERP）平台，并实现与PLM、MES、BPM商务流程系统、智能排程、智能生产、银行

第四章

江苏智能制造发展目标定位与路径选择

金税等周边系统的高效联结。在促进智能化生产上，通过建立自动化、智能化仓储系统，将现有的 ERP、MES、IMS、DQP 系统通过现代集成制造系统 CIMS，实现大数据管理，覆盖公司经营活动全过程，以提升信息化水平。

2016 年 9 月，公司组建 MES 团队，经过一年的努力，自主研发了 MES5.0 系统。该系统采用最前沿的 B/S（Java）+ C/S（C#）系统框架，搭配 Oracle 11g + Nginx + Memcache 平台，为满足公司未来信息化、数字化建设提供了强有力的支撑；该系统构建于自有知识产权的基础业务平台之上，符合 MESA/ISA – S95 标准，基于批次过程控制以及企业建模技术，是企业内部物流、生产体系、品质部门的保障系统，为公司实现 JIT 拉动模式、Lean 精益生产、6 Sigma – TQM 全面质量管理、迈进"工业 4.0/中国制造 2025"打下坚实的基础。MES5.0 系统在原有 MES3.0 基础上强化了对新业务的扩展性，尤其是在与测试装备的互联和对周边系统的信息共享方面，处理方式也更灵活、更高效。

2018 年初，公司新购入 SPC 系统，该系统将搭配 MES5.0 系统，对各产品制程进行动态监控，以改变传统的质量管理模式，实现对产品品质的精确预测与控制。

3. 标准化建设

2016 年，随着 PLM&EBS 系统项目的推进，公司提出建立规范系统的要求，以期实现技术标准化和业务标准化。其中，技术标准化要求系统与系统之间、系统与设备之间、系统与应用之间的信息交互能够在统一的信息平台上实现。

（1）建立 ESB 总线平台：各应用系统、数据源通过接入服务将数据通过 ESB 总线平台进行交互。EBS 平台提供统一的数据定义和安全服务，以此实现数据的跨系统的低成本、高效率复用。

（2）建设信息安全标准化：由针对性安全问题和支撑性安全技术两条主线展开，这两条主线在安全建设的过程中的关键节点又相互衔接和融和，最终形成一个完整的安全建设方案，并投入实施。

（3）建立项目实施方法论及审计机制：为提高智能项目成功率，同时也为公司项目管理积累经验，标准化小组积极推动建设内部项目实施方法论和审计机制，规范项目阶段，定义阶段产出，敦促项目成员规范项目管理。

（4）建立智能化标准体系：规范公司各项业务流程，以简便高效为要求，建立标准化业务流程、完善项目实施方法论和形成审计机制，同时进一步总结归纳智能制造项目推进的得失，比对先进标准体系，建立公司智能化标准体系。

二、实施效果

实施智能制造项目以来，公司实现了"三降两提升"：总体运营成本降低 9%，研发周期缩短 32%，生产效率提升 15% 以上，不良率降低 4%，能源利用率提升 22% 以上。同时，用工减少 500 人，近两年营业增长 6.2 亿元，客户满意度达 99%，领先同行。

第四章

江苏智能制造发展目标定位与路径选择

智能制造新模式

1. 离散型智能制造

车间总体设计、工艺流程及布局数字化建模；基于三维模型的产品设计与仿真，建立产品数据管理系统（PDM），关键制造工艺的数值模拟以及加工、装配的可视化仿真；先进传感、控制、检测、装配、物流及智能化工艺装备与生产管理软件高度集成；现场数据采集与分析系统、车间制造执行系统（MES）与产品全生命周期管理（PLM）、企业资源计划（ERP）系统高效协同与集成。

2. 流程型智能制造

工厂总体设计、工艺流程及布局数字化建模；生产流程可视化、生产工艺可预测优化；智能传感及仪器仪表、网络化控制与分析、在线检测、远程监控与故障诊断系统在生产管控中实现高度集成；实时数据采集与工艺数据库平台、车间制造执行系统（MES）与企业资源计划（ERP）系统实现协同与集成。

3. 网络协同制造

建立网络化制造资源协同平台，企业间研发系统、信息系统、运营管理系统可横向集成，信息数据资源在企业内外可交互共享。企业间、企业部门间创新资源、生产能力、市场需求实现集聚与对接，设计、供应、制造和服务环节实现并行组织和协同优化。

4. 大规模个性化定制

产品可模块化设计和个性化组合；建有用户个性化需求信息平台和各层级的个性化定制服务平台，能提供用户需求特征的数据挖掘和分析服务；研发设计、计划排产、柔性制造、物流配送和售后服务实现集成和协同优化。

5. 远程运维服务

建有标准化信息采集与控制系统、自动诊断系统、基于专家系统的故障预测模型和故障索引知识库；可实现装备（产品）远程无人操控、工作环境预警、运行状态监测、故障诊断与自修复；建立产品生命周期分析平台、核心配件生命周期分析平台、用户使用习惯信息模型；可对智能装备（产品）提供健康状况监测、虚拟设备维护方案制定与执行、最优使用方案推送、创新应用开放等服务。

——智能制造工程实施指南（2016~2020）

2. 启动建设智能工厂

在智能车间建设的基础上，选择有条件的企业向智能工厂发展，加快人机自然交互、工业机器人、智能物流管理、增材制造等技术和装备在生产过程中的应用，促进制造工艺的过程仿真与优化、状态信息实时监测和自适应控制，使产品在生产工位、生产单元、生产线以及整个工厂实现智能化生产和运营。加快产品

第四章

江苏智能制造发展目标定位与路径选择

全生命周期管理、客户关系管理、供应链管理系统的推广应用，促进集团管控、设计与制造、产供销一体、业务和金融衔接等关键环节集成，实现智能管控。支持和鼓励大数据技术在工业企业生产经营、工业行业管理和经济运行中的应用。鼓励有条件的企业通过网络化制造模式，实现生产经营各环节的企业间协同，形成网络化企业集群。鼓励创新制造业的销售模式与服务模式，引导企业充分运用电子商务等互联网模式实现产品营销。支持制造业产品售出后对产品进行信息追踪，提高产品的远程故障诊断水平，提高售后服务能力。

3. 推进行业试点示范

围绕新一代信息技术、高档数控机床与工业机器人、航空装备、海洋工程装备及高技术船舶、先进轨道交通装备、节能与新能源汽车、电力装备、农业装备、新材料、生物医药及高性能医疗器械、轻工、纺织、石化化工、钢铁、有色、建材、民爆等重点领域，推进智能化、数字化技术在企业研发设计、生产制造、物流仓储、经营管理、售后服务等关键环节的深度应用。推进传统产业智能化改造，关键工序自动化、数字化改造需求，推广应用数字化技术、系统集成技术、智能制造装备，提高设计、制造、工艺、管理水平。以冶金、化工、建材等主要耗能行业为重点，推进耗能企业能源管理中心建设，加强重点耗能工序用能智能监测监管体系建设，切实提高能源使用效率和综合利用水平。

重点行业智能化改造方向

机械行业。重点支持产品的数字化研发设计，发展推广计算机辅助系统、逆向工程、系统建模与仿真、虚拟仿真、网络协同设计、三维（3D）在线打印、产品生命周期管理等技术。加快生产设备智能化改造，运用可编程逻辑控制器（PLC）、神经网络、模糊控制、专家系统的技术和故障诊断、健康寿命分析等软件对设备进行适应性改造，提升现有设备智能化水平。拓展基于产品智能化的增值服务，利用产品的智能装备实现与信息物理系统（CPS）的互联互通，支持产品的远程故障诊断和实时诊断等运维服务。

电子行业。围绕集成电路、新型平板显示、下一代信息通信等重点领域所需智能专用设备，加强基础工艺研究，提升重点设备和仪器质量水平。支持运用高精度、多维度亚微米定位、焊接、固化、封装、测试成套设备以及自动光学检测装备等电子制造成套设备，成体系构建智能电子生产线或生产单位，提高产品精度、集成度和功能性。

化工行业。针对化工生产装置系统性强、工艺参数变化多、物料和生产形势变化复杂等特点，重点发展具有在线监测、智能控制功能的化工生产装置，实现生产流程的在线闭环管理。推广应用分布式控制系统/现场总线控制系统（DCS/FCS），对生产装

第四章

江苏智能制造发展目标定位与路径选择

置实施系统集中监视、控制和管理。在炼油化工、有机化工、合成氨、轮胎、精细化工等行业推广应用 ERP/MES/DCS 三层框架的信息集成。推进企业能源管控平台、污染物管控平台和智能化安全监控系统建设。

冶金行业。采用分布式控制系统（DCS）、新型传感器技术、光机电一体化技术、软测量技术等，对钢水成分、钢坯和钢材温度等生产流程信息进行实时汇总。在普通钢生产流程基础上智能改造生产特种钢、高性能钢，在关键工艺参数在线连续检测基础上建立综合模型，采用自适应智能控制机制，实现冶金过程关键变量的高性能闭环控制。在高温、高粉尘、高噪声等恶劣环境下推广应用智能机器人和全工序无人控制系统。通过加强能源介质信息的智能感知、无线传输和建模分析以及在线废气成分分析、废弃物排放信息和运输信息的远程监控，实现多测点、多变量、全面有效能耗监控，从而为流程工业的能源管理提供原料进入、过程损耗、余热回收的基础数据，为集中监控、统一调度和平衡优化提供基础信息。

建材行业。大力推广应用具有物料自动配送、设备状态远程跟踪和能耗优化控制功能的建材成套智能设备。重点推广应用水泥生产分布式控制系统（DCS）、现场总线技术、窑头和筒体温度检测控制系统、窑尾加料控制技术，平板玻璃原料配料控制系统、三大热工设备自动控制系统、在线缺陷检测与智能化自动切割分片系统，陶瓷原料制备、窑炉控制、压机控制等系统，玻纤池窑计算机控制技术等。鼓励企业在工业窑炉、投料装车等危险、重复作业环节应用机器人智能操作。

轻工行业。大力推进制造过程智能化，从产品的设计智能化、关键工序智能化、供应链优化管控等方面推进重点行业制造单元、生产线、生产车间和工厂的智能化改造。加快发展市场成长性好的高技术、高智能产品，拓展产品功能和价值空间，重点是加快可穿戴产品、服务机器人、智能家电、智能家居等智能化产品的研发和产业化。

纺织行业。推进制造执行系统（MES）开发和应用，推广管控一体化，实现化纤、经编、棉纺、染整、服装加工等全流程智能型自动化生产。在服装制造领域，充分运用信息技术和智能装备，以大数据为依托，创新"电子商务零售C2M（消费者对工厂）+O2O（线上到线下）"模式，建立订单提交、设计打样、生产制造、物流交付一体化的互联网平台，实现消费者与制造商的直接交互，满足大规模差异化需求，实现大规模个性化定制生产。

医药食品行业。采用条形码、无线射频识别（RFID）技术和视频监控系统，实现生产过程工艺参数的自动采集与调控，进而提高生产过程的实时调度和在线监测水平，建立药品食品生产全过程的实时监控系统。完善产品质量追溯体系。开展物联网技术深度应用，提升企业产品安全防伪和质量管控能力，建立覆盖产品生命周期的全社会共同参与的质量监管体系。

——《江苏省"十三五"智能制造发展规划》

第四章

江苏智能制造发展目标定位与路径选择

4. 实施精准诊断服务

引进、培育智能制造系统集成服务商，逐步形成以智能制造系统集成商为核心、各领域领先企业联合推进、一大批定位于细分领域的"专精特新"企业深度参与的智能制造发展生态体系。支持新型智能制造产业服务载体和技术创新体系建设，整合江苏省内外行业专家、制造企业和服务机构、有应用经验的制造企业等各方资源，形成以智能制造行业（企业）精准诊断为基础，企业制造升级服务为导向，制造企业跟踪服务为任务的新型制造业智能制造诊疗中心。加快实施"江苏智造"工程，建立国际智能制造创新中心，聘请国内外智能制造领域顶级研究机构专家，担任江苏智能制造高级别决策咨询委员会专家、顾问，为江苏智能制造新经济发展建言献策。全力推进"世界智能制造大会"等重点智能制造交流活动，加快形成江苏智能制造全球品牌影响力。

三、着力构筑工业互联网基础，促进制造业与互联网深度融合

1. 强化网络基础

建立完善面向工业生产应用的信息化基础设施，为全省推进智能制造提供宽频、安全的工业互联网基础支撑。加快光纤网、

移动通信网和无线局域网的部署建设，统筹互联网交换中心、互联网数据中心、云计算中心等功能性基础设施布局，加快宽带应用支撑平台、宽带产品研发公共平台和宽带服务设施建设，实现信息网络宽带升级，提高企业宽带接入能力。实施工业信息基础设施"企企通"工程，逐步推进宽带网络"进企业、入车间、联设备、拓市场"。开展工业企业外网改造升级工程，组织电信运营企业、重点IT企业利用5G、低功耗广域网（NB-IoT、LO-RA）、北斗导航等新一代信息技术，在全省开发区、高新技术产业园区加快部署"低时延、高可靠、广覆盖"的基础网络，进一步推进工业企业互联网专线提速降费。开展工业企业内网建设工程，鼓励和支持企业利用云计算、软件定义网络（SDN）、网络功能虚拟化（NFV）等新一代信息技术，构建"内外协同、灵活高效、安全可靠"的企业内网，推动企业内网的IT化、扁平化、柔性化。

2. 打造平台体系

推动形成开放性创新机制，支持智能制造系统集成和应用服务，建立面向智能制造重点行业的工业云平台，采集产品数据、运营数据、价值链上大数据以及外部数据，实现经营、管理和决策的智能优化，加快构建以智能制造"母工厂"为核心的系统层面智能制造技术的应用载体。重点支持省内骨干企业与国内龙头互联网企业、电信运营企业开展深度合作，联合打造装备、新能源、电子信息、工控安全及热处理等十大行业云平台，着力提升

第四章

江苏智能制造发展目标定位与路径选择

对行业海量异构数据的集成、存储和计算能力。鼓励和支持市、县、重点产业集聚区联合国内龙头工业云平台和工业互联网平台联合打造区域级工业云平台,加快以数据为驱动的网络化、智能化进程,进一步推动产业链发展资源优化整合,促进工业全要素联结和资源优化配置。

3. 促进融合应用

加快工业互联网在工业现场的应用,强化复杂生产过程中设备联网与数据采集能力,实现企业各层级数据资源的端到端集成。依托工业互联网平台开展数据集成应用,形成基于数据分析与反馈的工艺优化、流程优化、设备维护与事故风险预警能力,实现企业生产与运营管理的智能决策和深度优化。鼓励企业通过工业互联网平台整合资源,构建设计、生产与供应链资源有效组织的协同制造体系,开展用户个性需求与产品设计、生产制造精准对接的规模化定制,推动面向质量追溯、设备健康管理、产品增值服务的服务化转型。推动低成本、模块化工业互联网设备和系统在中小企业中的部署应用,提升中小企业数字化、网络化基础能力。实施"企业上云"计划,鼓励工业互联网平台在产业集聚区落地,推动地方通过财税支持、政府购买服务等方式鼓励中小企业业务系统向云端迁移;支持软件企业、工业企业、科研院所等开展合作,培育一批面向特定行业、特定场景的工业 App。

江苏"企业上云"

1. 基础设施上云

推动企业进行内外网改造，加快云专线应用，提供快速部署、灵活可变的联网接入云服务。推动企业分类使用基础设施服务云，提高数据存储、计算的经济性、安全性和可靠性；推动企业按照业务需求，弹性快速使用云平台的各种云服务器，实现计算资源集中管理和动态分配；推动企业通过虚拟私有云、弹性负载均衡等服务高效安全利用云平台网络资源，实现时延更小、更快的网络接入；推动企业使用虚拟桌面与应用服务，帮助用户打造更安全、更低维护成本的云办公系统等。

2. 业务应用上云

推动企业办公、管理、服务等应用上云，快速提升企业数字化、网络化水平；推动企业人力资源管理、行政管理、财务管理等应用上云，提高工作效率；推动企业采购管理、生产管理、销售管理、供应链管理、电子商务、客户资源管理等应用上云，提升企业运营管理水平；推动企业计算机辅助设计、产品开发上云提升企业研发效率和创新水平等。

3. 平台系统上云

推动企业加快数据驱动进程，全面提升企业数字化、网络化、智能化能力和水平。推动企业降低电商平台建设运维成本，利用云平台大数据资源提高精准营销水平；推动企业利用云平台实现物联网终端设备可视化在线管理；推动企业使用云数据库系统，帮助企业实现不同业务产生的各类数据跨平台、跨业务统一部署和管理；推动企业利用云端大数据平台进行数据采集、分析、挖掘、存储和协同应用等服务，推动企业数据资源集聚，加快发展工业大数据等。

4. 数据协同创新

推动企业内、企业与企业间业务数据在云上流动与共享，通过大数据挖掘、AI技术，实现企业运营管理的优化、企业与企业之间的协同创新、商业模式创新等。

——《江苏省"企业上云"工作指南》

四、着力打造"企业主导、高校研发、协会组织、政府引导"合作机制，共同推动智能制造发展

1. 激发企业主体活力

企业是推进智能制造的主体，只有充分发挥企业主体作用，才能把推进智能制造变为企业的自觉行为，不断增强企业开展智能制造的内生动力。智能制造顺利推进的一项重要指标就是形成一批富有创新精神、竞争力强、在国际上有重要影响的智能制造

大企业、大集团以及形成一批世界知名的智能制造品牌。激活企业活力需要抓好以下几个方面：一是抓市场，坚持市场导向，做好市场分析，瞄准市场需求，紧盯国家短板，紧跟科技趋势，大力发展具有国际影响力的龙头企业集团。二是抓基础，江苏省与国际先进水平的差距不仅体现在整机或最终产品，而且还体现在关键基础材料、核心基础零部件（元器件）、先进基础工艺及产业技术基础，鼓励企业在"四基"上狠下功夫，做优做强一批传感器、智能仪表、控制系统、伺服装置、工业软件等"专精特新"配套企业和隐形冠军。三是抓开放，鼓励有条件的企业加快"走出去"步伐，充分利用两种资源、两种市场，特别是在"一带一路"的国际合作大背景下，促进企业积极参与智能制造和技术创新合作，在国际竞争中扩大市场、提升竞争力。四是抓服务，引导企业延长价值链，促进制造业服务化转型，提供在线诊断、远程维护、全生命周期管理、融资租赁等增值服务，培育一批智能制造技术服务平台供应商和系统集成商。

2. 用好高校科研院所资源

高等院校和科研院所是智能制造的重要智力基地，可以为智能制造提供坚实的科技和人才支撑。有效激活科研院所和高等院校人才活力，将为智能制造发展提供坚实保障。一是引导参与企业研发，引导高等院校和科研院所走出校门，联合企业建立协同创新体系，参与到智能制造企业实际的科技研发当中，解决企业研发中的技术问题。二是加强理论技术研究，这包括基础研究和

第四章

江苏智能制造发展目标定位与路径选择

共性技术突破。基础研究是科技创新的根基，江苏省目前智能制造与国外先进地区存在差距的一个主要原因是，原始创新能力不强、重大原创性成果不多，这需要鼓励企业强化基础理论的探究。同时，整合江苏科研资源，加强与智能制造企业对接合作，设立制造业创新中心，加快突破关键基础材料、核心基础零部件等的工程化、产业化"瓶颈"。三是促进科技成果产业化，推动产业和产品向价值链中高端跃升。加强政策引导，健全技术转移机制，促进先进科技与产业深度融合，积极推广运用新技术、新产品，优先将智能装备技术产品列入江苏省重点推广应用目录。

3. 突出协会组织作用

发挥行业协会熟悉行业、贴近企业优势，推广先进管理模式，深入挖掘企业真正的需求，将企业与高校科研院所进行有效对接，加强行业自律，防止智能制造系统集成企业之间无序和恶性竞争。及时反映企业诉求，鼓励行业协会、产业联盟提升服务行业发展的能力，积极发展服务支撑机构。支持提供智能制造整体解决方案的中介服务机构发展，培育一批既熟悉制造业生产流程，又具备信息系统集成能力和互联网思维的智能制造咨询服务企业，充分发挥咨询服务机构在发展智能制造中的作用。培育一批联合研发和成果交易平台，建设一批面向智能制造的技术研究机构和信息交易平台。完善面向中小微企业的信息化服务体系，推动中小微企业数字技术应用服务平台建设，帮助中小微企业解决在技术创新、企业管理、信息咨询等方面存在的困难，提高中小微企业信息化应用能力和水平，引导企业推进智能制造发展。

4. 发挥政府引导作用

智能制造发展离不开良好的市场环境和公共服务平台，要继续深化改革，更好发挥政府作用，围绕强化示范引领、营造良好环境等方面主动作为：一是深化行政体制改革，优化发展环境，推进简政放权、放管结合、优化服务改革，破除市场壁垒，保障生产要素自由进出市场，完善市场监管，营造良好市场环境。二是推动创新体制改革，建立市场化创新方向选择机制、鼓励创新的风险承担机制，建设重大科学研究和实验设施，支持智能制造公共服务平台建设，支持"产学研用"合作和组建产业创新联盟，提升智能制造业的集成创新、产业应用、产业化创新、试点示范成效。三是开展人才体制改革，加大科研人员股权激励力度，鼓励各类企业通过股权、期权、分红等方式，调动科研人员创新积极性。提高科研人员成果转化收益比例，完善科技成果、知识产权归属和利益分享机制，提高骨干团队、主要发明人受益比例。落实各项人才政策，鼓励智能制造领域人才政策先行先试，专项资金安排向重大智能制造工程和项目倾斜，完善科研人员在企业与事业单位流动的社保转移接续政策，促进人才双向自由流动。四是深化国有企业改革，健全内部治理结构，加快建立与市场经济相适应的选人用人、业绩考核、收入分配等激发约束机制。

第四章

江苏智能制造发展目标定位与路径选择

五、着力推进区域智能制造资源协同，打造智能制造产业集聚区

1. 融入"一带一路"建设

江苏融入"一带一路"实施国际化战略，有利于智能制造产业转移富裕产能，提高自主创新能力，实现产业链跃迁。在外部契机与内部需求的双重动力下，通过搭建对接服务平台、推进技术联盟、改革商业模式、完善配套服务体系等一系列举措实现技术升级与产业转移，加快江苏智能制造"走出去"的步伐。同时，实现技术链与产业链的全球对接，培育自主创新能力，加快对关键技术的攻克，实现内生性增长，加大对上游产业重点领域前沿性、关键性研究的投入。通过输出技术标准，提升巩固行业领先地位，促成上下游产业间的技术关联形成企业联盟进行集成式创新。

2. 融合长三角城市群

长三角城市群在上海市、江苏省、浙江省、安徽省范围内，由以上海为核心、联系紧密的多个城市组成。该区域的优势在于电子信息技术产业基础雄厚，目前四省市依据各自的产业和科技基础优势，已培育了一批优势突出、特色鲜明的智能制造装备产业集群。随着《长江三角洲城市群发展规划》的发布指引，江苏

省将充分利用长三角区域优势，整合区域资源，融合区域经济发展，成立长三角智能制造产业发展联盟、科研合作联盟、数据共享联盟，加快形成集智能设计、智能产品、智能装备和智能技术及服务于一体的全产业链，并积极推动以产业链为纽带、资源要素集聚的智能制造装备产业集群建设，完善产业链协作配套体系。

3. 协调江苏区域发展

搭建基于互联网的制造资源协同平台，不断完善体系架构和运行规则，加快区域间创新资源、设计能力、生产能力和服务能力的集成和对接，推进制造过程各环节和全价值链的并行组织和协同优化，实现区域优势资源互补和资源优化配置。一是扬子江城市群方面，培育创新驱动智能制造的"发展动力"。扬子江城市群应充分发挥科教优势和产业优势，全力提升国际国内要素配置能力和效率，打造规模和水平居国际前列的智能制造产业集群、创新集群，做优做强智能制造的现代产业体系。二是沿海经济带方面，建立智能制造海外合作的开放平台。立足沿海经济带制造业基础优势，着力培育发展战略性新兴产业，着力构建智能制造需求产业链，增强智能制造业核心竞争力，推动制造业向中高端发展，建设国际领先的沿江高端制造体系。三是淮海经济区方面，构建重点示范带动智能制造的"协调体系"。发挥徐州作为淮海经济区中心城市的龙头作用，加速淮海经济区智能制造体系发展。以徐工集团等为典型示范，在智能化装备应用、数字化车间建设、核心信息系统集成等方面取得重大突破，引领转型领跑的"淮海速度"，带动淮海经济区周边城市的连片发展。四是"三湖"生态经济区方面，打造绿色发展与智能制造相融合的"生态样板"，加快制造业自动化、数字化改造，逐步向智能化发展。

第六节　江苏智能制造发展的重点工程

一、关键核心技术突破工程

瞄准自主、可控、安全要求，聚焦智能制造关键技术、核心部件、自主装备、系统软件，实施智能制造关键核心技术突破工程，组织产"学研用"联合攻关，形成一批具有知识产权的创新成果，打破国外垄断。组织"重大智能装备研制攻关招标项目"，加快突破高档伺服、智能数控、在线远程诊断等关键技术、共性技术，推进工业机器人、增材制造装备、高档数控机床和基础制造装备、高性能数控金属切削与成型机床、多轴联动加工中心和柔性制造单元、精密仪器仪表等智能制造装备创新研制，推进电子、轻工、纺织、包装等领域高端专用装备的创新研制，形成一批国内领先、达到国际先进水平、关键技术具有自主知识产权的首台（套）重大装备和成套生产线。组织"系统集成应用示范项目"，鼓励制造商采用自主研制装备和软件为企业装备升级提供总集成、总承包服务，培育一批首台（套）重大装备和成套生产

第四章

江苏智能制造发展目标定位与路径选择

线应用示范。组织"工业强基重点项目",开发和应用高精密减速器、精密轴承、液压电子控制器、智能传感器等各类关键功能部件,加强高性能材料攻关研制,改进铸造、锻造、热处理、表面处理等基础工艺水平,推动装备基础配套能力稳步提升。组织"自主软件开发项目",加快发展自主配套软件,突破数据采集、核心算法、实时处理等工业控制系统核心技术,大力发展关键设计工具软件、数字化设计与仿真分析软件等自主软件。

二、传统制造技术改造工程

结合不同行业、不同类型企业发展实际,针对研发、生产、管理、营销等制造全过程,推动制造装备数字化、网络化、智能化升级改造并行,按照智能制造单元、车间和工厂三个阶段分步推进,提升制造过程智能化水平,有效提高生产效率和产品质量。实施"数字化装备普及推广计划",鼓励机械、铸锻造、纺织、印刷、食品、包装等行业企业加速更新淘汰性能差、能耗高的生产装备,积极应用高性能数控机床、多轴联动加工中心、自动化专用设备等先进装备,优化改进工艺流程和组织方式,实现关键工序核心装备升级换代。实施"智能化装备升级应用计划",支持石油化工、冶金、建材等行业运用智能成套装备,成体系建设智能化生产线,提高产品性能稳定性和管理控制水平;支持机械、汽车等行业加快集散控制、制造执行、敏捷制造、虚拟制造等智能技术装备的集成应用，成体系建设智能化生产单元，提高精益生产水平。实施"万台技术装备智能改造计划"，支持企业积极运用智能控制系统、工业应用软件、能源管控软件、故障诊断软件、传感和通信系统协议等软件系统、通信技术对现有装备进行适应性改造；鼓励应用先进传感技术、数字化控制系统、数字化仪器仪表等先进数控技术改造成型与加工机床等基础制造装备，大幅提升现有装备的加工效率、生产精度和控制水平。实施"万台机器人应用计划"，支持汽车、电子电气、机械加工、船舶制造、食品加工、纺织服装、轻工家电、医药制造等行业企业针对部分劳动强度大、技术要求高、流程和产能"瓶颈"等生产环节，运用焊接、装配、涂装、分拣、搬运等工业机器人替代换岗，切实提高劳动生产率和产品质量一致性；鼓励应用特种机器人，支持民爆、化工、煤炭等特殊行业企业运用安防、排爆、巡检、救援等特种机器人替代换岗，提高企业本质安全水平。

三、试点示范引领推广工程

打造"示范智能车间"，研究制定分行业智能制造示范标准，分类创建离散制造、流程制造示范车间，引领工业企业围绕装备智能化水平、装备互联互通、生产过程调度、物流配送、产品信息追溯、环境和资源能源消耗监控、设计生产联动协同等方面进行车间智能化改造，推进智能车间建设，提高生产效率和产品质

第四章

江苏智能制造发展目标定位与路径选择

量。打造"示范智能工厂",按照"设备互联、数据互换、过程互动、产业互融"要求,推动新一代信息技术在企业研发设计、生产制造、运营管理、售后服务中的深度应用,推进从单项业务应用向多业务综合集成转变,从企业信息应用向业务流程优化再造转变。打造"智能制造示范区",围绕智能制造产业高端化发展方向,选择智能制造装备研发制造及智能制造系统集成与应用服务等较为集中的产业集聚地和产业园区,强化网络基础与平台建设,搭建基于互联网的制造资源协同平台,推动产业转型升级和"两化"深度融合,初步形成从数控机床、智能机器人到智能成套装备,从硬件、软件到信息技术集成服务的智能制造产业链,打造高端企业集聚、产业链条健全、服务功能完善的智能制造产业集群,培育国内具有较大影响力的智能制造示范区。

四、标准体系建设提升工程

对于智能制造而言,标准化体系建设是根基,没有标准化,智能制造便无法大规模应用推广。参与标准研制,支持江苏骨干企业主导或积极参与智能制造国际标准、国家标准、行业标准的体系构建,承担国际、国家标准化专业技术委员会工作,提升江苏本土自主技术标准的行业话语权和国内外认可度。对于参与制定技术标准和积极采用国际先进标准的企业,进一步提高资助额度,激发江苏企业积极参与各级标准制定的积极性。增加标准供给，鼓励企业、行业协会、产业技术联盟、社会组织和政府相关部门共同参与智能制造产业的基础共性标准、关键技术标准和重点应用标准的研究制定。鼓励有条件的学会、协会、商会、联合会等社团组织先行先试，开展团体标准试点；重点在高端装备制造、新一代信息技术和工业强基、智能制造、绿色制造等领域，针对智能工厂体系、智能装备技术、智能服务模式等，开展团体标准研制，支持专利和专有技术融入团体标准，为培育高端市场、促进转型升级提供技术支撑。强化标准贯彻，根据江苏省实际，贯彻执行国家基础、安全、管理、评价和可靠性 5 大通用标准和智能装备、智能工厂、智能服务、工业软件、大数据工业互联网 5 大关键技术标准。

五、智能制造人才培养工程

着眼于智能制造发展需要，以国际化的视野建立完善引人、用人和育人机制，落实人才配套的各项政策，集聚、培养、吸引一批掌握世界尖端技术的高端人才和创新团队。培养高层次创新人才，结合世界"双一流"高校和学科建设，鼓励两院院士、国家杰出青年、长江学者、"千人计划"等高科技领军人才在智能制造领域建立新型研发机构，转化科技成果，研发机构人才团队可持有多数股份；允许高校院所科研人员在职或离岗创业，可保留人事关系 3 年，正常参加专业技术职务评审和聘任。培养高素

第四章
江苏智能制造发展目标定位与路径选择

质企业家,制定实施百千科技企业家培育工程,通过聘为政府经济发展顾问和决策咨询专家、强化项目支持、开展高端培训等方式,进行定制式培育和个性化扶持。联合国内外重点高校、科研院所、智能制造领军企业,共同发起成立由政府引导、市场主导的江苏智能制造大学,江苏省内高校与智能制造相关的"双一流"建设学科如表4-1所示。培养高技能制造工匠,推行企业新型学徒制、"双导师制""双元制"职业教育,推进技工院校、高技能人才公共实训基地和技能大师工作室建设,每年分行业组织智能制造职业技能竞赛,加强企业岗位练兵,以技能竞赛带动技能人才素质提升。支持企业与各类院校合作建立内部培训中心,培养面向自身工厂需要的安装调试、设计编程等智能制造技术人才。建立柔性化用人体系,引进国内外智能制造领域科学家、院士、企业家、高级工程师、高级技师等高端人才担任教授、导师、研究员等职务,从事协同创新技术研发、创新人才培养、管理人才培养和现代产业技术工人培养。

表4-1 江苏省内高校"双一流"建设学科(与智能制造相关)

序号	高校	学科
1	南京大学	材料科学与工程、计算机科学与技术
2	苏州大学	材料科学与工程(自定)
3	东南大学	材料科学与工程、电子科学与技术、信息与通信工程、控制科学与工程、计算机科学与技术
4	南京航空航天大学	力学
5	南京理工大学	兵器科学与技术
6	南京邮电大学	电子科学与技术

第五章

江苏智能制造发展的保障机制与支持政策

第五章

江苏智能制造发展的保障机制与支持政策

当前,我国制造业正处在向创新驱动转型、加快打造世界制造强国的发展阶段。制造业发展呈现出制造业与服务业融合、信息技术与制造业融合、企业与消费者融合的典型特征。我国现行的标准体系、创新政策、金融财税政策、法律法规等有些已经不能适应智能制造产业生态系统的发展要求。未来应以制造服务系统观为指导,加快形成以制造与服务相融合为目标、以市场机制为核心的政策支持体系。

推进智能制造,打造制造业竞争新优势,实现制造业向自动化、数字化、网络化、智能化和绿色化转型,无疑需要政策支持和引导。一方面,通过政策体系营造支持智能制造尤其是智能制造新模式创新的环境和氛围;另一方面,引导传统企业利用智能制造技术提升管理水平。但是,在智能制造加速推进的趋势下,我国不少现有政策不但没有起到催化助推的作用,反而成为智能制造发展的障碍和绊脚石。

1. 标准体系的制约

根据德国"工业4.0"的观点,纵向集成、横向集成和端到端集成是智能制造战略的核心内容,是实现智能制造的三条路径。以上三种集成,无论是哪种集成都离不开统一的标准体系。智能制造只有遵照统一的标准,信息的互联互通和融合才能实现。此外,由于智能制造会加速和加深第二、第三产业之间的融合速度与融合程度,第二、第三产业之间的边界越来越模糊,产业融合带来的新产品、新商业模式、新业态也急需标准来引导。

尽管经过多年的努力，我国信息基础设施条件明显改善，但是在智能制造的推进中，软件部分——政策支撑体系仍是最为薄弱的环节。目前我国智能制造领域由于标准体系缺乏所导致的问题主要存在以下两个方面：第一，没有建立完整的智能制造顶层框架。在2017年中国智能制造百人年会上，专家普遍认为缺乏统一的标准体系是制约我国智能制造发展的主要障碍，必须从国家层面构建统一、规范的标准体系。目前，国际上几个主要发达国家都完成了智能制造顶层框架设计任务。例如，日本的工业价值链参考框架IVBA、美国工业物联网的参考框架IIRA1.8、德国"工业4.0"的参考框架RAMI4.0等。虽然我国在2016年出台了自己的智能制造架构体系——《工业互联网体系架构V1.0》，但是与国外架构体系相比，由于缺少更加顶层的系统化架构框架，导致过于具体化而不易扩展。第二，与智能制造相关的传感器、机器人、物联网、大数据、云平台等关键技术的发展路径不清晰，不同企业的产品兼容性比较差，企业跨平台、跨系统集成应用时，不同系统之间不能实现无缝对接，浪费企业大量资源来解决繁杂的标准对接问题，有时甚至需要企业重新建立平台或系统。例如，由于物联网应用标准缺失，导致设备不兼容，甚至造成许多企业内部不同的信息系统也无法集成。

2. 创新政策的制约

在智能制造研发投入方面，目前我国智能制造侧重于技术追踪及技术引进，而在高端电子装备制造、极限制造、生物制造和

第五章

江苏智能制造发展的保障机制与支持政策

芯片制造等基础研究和共性技术研究领域投入不足,原始创新匮乏,严重制约了我国智能制造的推进。从基础研究相关数据可以看出,尽管我国近些年加大了基础研究投资力度,从2011年的411.8亿元增长到2015年的716.1亿元,年均增幅高达14.8%,但是我国基础研究经费强度长期徘徊在5%左右,远低于OECD国家普遍20%的水平,即使考虑到发展阶段因素,我国目前也至少应该处在10%水平以上。从上面的数据对比可以看出,我国目前的基础研究投入仍处于明显的劣势。从智能制造创新政策来看,由于智能制造涉及产业链较长,跨越多个产业,因此需要加强统筹协调,避免由于政出多家,导致政策碎片化,从而难以形成系统性的政策合力和创新政策体系。由于历史原因,条状分割的现象在我国行政管理体制中依旧存在。例如,包含新一代信息技术、高端制造、大数据、云计算等新兴产业的战略规划由国家发改委制定,制造业创新体系及政策由工信部主导,科技创新政策由科技部负责,而致力于促进智能制造产业投资合作的机构——智能制造产业国际合作委员会则由商务部牵头。无论是技术创新、工艺创新、产品创新、装备创新、管理创新、国际合作模式创新、商业模式创新还是新业态的产生,创新主体都是企业。不同部门对不同环节、不同产业的分割式管理和支持,很难形成统一、完整、协调的政策目标和体系,势必会影响政策的整体功能和实施效果。

3. 金融财税政策的制约

金融财税政策应积极引导中国智能制造进程,与国家产业发展战略相协同。从金融方面来看,目前银行贷款仍然是企业融资的主要来源。对于广大企业来说,银行利率偏高、适合智能制造特点的金融产品少、财务风险和资金压力已经成为企业实施智能制造的主要障碍。此外,从支持智能制造的视角出发,会发现现有的一些金融财税政策与智能制造的发展已经不太适应。以智能制造产业链的前端智能产品设计为例,现在越来越多的制造企业成立线上孵化器进行智能产品协同设计,但是由于科技孵化器优惠政策要求提供给孵化企业使用的场地面积应在75%以上,造成线上设计平台无法享受优惠政策。又如,在线故障诊断、远程运维等云平台服务模式渐渐成为智能制造的主流趋势,但是却享受不到与工业用电、用水、用气、用热同价的优惠。此外,共享经济已经从最初的生活、交通领域向制造业领域渗透,基于工业物联网技术的设备、工厂等生产能力共享智能制造新模式,也给现行税法带来了严峻挑战。中国国际经济交流中心专家张永军就曾表示,在共享经济模式下,现有法律和规范存在模糊边界,相关的税收、保险等政策也不尽符合共享经济发展的要求。

4. 法律保障的制约

工业大数据是智能制造发展的重要核心,是构建智能应用生态的关键所在。虽然大数据蕴藏着巨大价值,但是在大数据背景下,消费者信息安全问题、企业信息安全问题等仍面临严峻挑战。对于消费者来说,随着智能制造模式C2M逐渐成为制造业的主流模式,在消费者与企业之间不可避免地会产生大量交互数

第五章
江苏智能制造发展的保障机制与支持政策

据,这些数据如果泄露,就可以做大数据分析形成用户数据画像,被用来精准营销,甚至诈骗。对于企业来说,信息安全的作用同样至关重要,没有信息的安全化,企业就不可能实现全球化、绿色化、协同化和服务化。英国剑桥大学2011年提供的一个分析报告指出,通过网络搜索引擎(Shodan)进行简单搜索,就可以在互联网上搜索到工业大数据资料,说明相关法律法规仍不完善。

在破除智能制造发展制约方面,需要从强化顶层设计、优化发展生态、加强人才建设和强化要素保障四个方面着力。

第一节　强化顶层设计

江苏省推进智能制造应搞好顶层设计。在《中国制造 2025》总方案的指导下，应加快制定推进智能制造发展的总体方案。各地市要因地制宜，区别对待，结合本地区制造业基础，出台有区域针对性的推进政策。

1. 建立统筹协调机制

构建适合江苏省实际情况的智能制造顶层架构体系，尽快制定并出台江苏省智能制造发展规划，确立智能制造在经济发展中的重要地位，形成支持智能制造关键技术研究、重大产品开发、应用示范、产业化创新平台、人才培训等专项计划，对智能制造的发展起到引领作用。成立智能制造发展委员会，负责智能制造发展全局工作，建立促进智能制造发展的长效机制，强化统筹协调，明确责任分工，加强督查考核，推动政策落实，着力解决产业发展遇到的难点和问题。制定有利于江苏智能制造产业发展的目标考核和工作评价体系以及相关配套政策和具体工作方案，将主要目标、重点任务和工作计划分解落实到位。积极争取国家和省重大智能制造产业项目在江苏立项发展。从战略高度和产业发

第五章
江苏智能制造发展的保障机制与支持政策

展趋势出发,尽快研究制定江苏智能制造发展规划,明确智能制造的技术路线、发展重点和产业布局。结合"十三五"规划,完善产业布局,加强区域间产业规划引导,强化智能制造发展规划与城市规划、土地利用规划、园区发展规划的有机衔接。充分利用行业协会、产业联盟在行业协调、行业自律、信息交流、政策研究、咨询评估、国际交流与合作等方面的优势,及时掌握行业动态和发展趋势,引导智能制造健康有序发展。

2. 坚持标准引领

当前,智能制造已经成为世界各国发展制造业的重点,《中国制造 2025》也明确指出,智能制造是主攻方向。值得注意的是,各国在制定发展智能制造的政策时,都不约而同地把标准化作为发展智能制造的重要工作和优先行动。李克强总理在视察工信部时,也强调"当前智能制造最重要的工作是标准制定"。智能制造标准并不是要再制定一系列制造技术标准或者信息技术标准,而是要在智能制造新的技术要求下,制定与两种技术融合有关的标准。以数控机床为例,智能制造的标准不是去关注数控机床本身的各项技术要求,即便未来的数控机床会有更多智能功能,成为智能机床,它的标准也不属于智能制造标准的范围。智能制造的标准关注的是当一台数控机床被放置在智能制造系统中时,它应该具有哪些技术特性。例如,应该具备哪些通信协议,能够给制造系统提供哪些机床的加工信息和设备状态信息,能够接受系统哪些信息并能执行以及这些信息应该以什么样的数据格式提供。对于信息技术也是一样。智能制造标准不会去关注 5G 的技术标准，而是关注 5G 技术被用于智能制造系统时它所应该具备的技术性能。标准化是发展智能制造的基础，与技术进步、产业发展和市场运行紧密衔接，要把加强智能制造标准体系建设放在重要位置。智能制造标准化工作技术性强、覆盖面广、难度大、要求高，为加强标准的及时性、完备性、权威性，应尽快与国标委联合发布《江苏智能制造标准体系建设指南》，并把标准试验验证和制定修订作为重要的支持方向，同时把标准建设工作阶段性取得的成果及时应用到智能制造试点示范的实施工作中，形成标准边制定、边推广、边验证相结合的工作模式，进一步建立与完善智能制造标准体系，引导智能制造实施工作不断走向深入。智能制造标准是大规模推进智能产品、智能制造装备、工业控制系统和软件系统应用的关键。

标准制定在某种意义上是一个行业在国际市场上竞争力的体现。江苏推行智能制造的关键就是要有自主的智能制造标准体系。智能制造标准体系的制定是一项极为复杂和庞大的工作，仅仅依靠企业之间的合作是不够的，政府必须发挥顶层设计的作用，鼓励装备制造、通信设备、工业自动化、工业软件开发及集成等领域企业和科研院所共同参与标准顶层设计工作，推进智能制造体系架构、技术实现、应用结构等方面的标准制定，提高标准的开放性和兼容性。结合《国家智能制造标准体系建设指南》，尽快完善基础共性标准部分，充分发挥基础共性标准在智能制造标准体系中的支撑作用。

第五章

江苏智能制造发展的保障机制与支持政策

3. 完善法律法规

首先,应尽快构建工业大数据法律保护的基础框架,明确工业大数据发展的重点和战略目标,维护工业大数据挖掘技术应用的合法化、科学化和有序化。其次,重构数据隐私的法律保护机制,明确相关机构、企业和消费者的隐私保障义务与责任,加大智能制造领域大量数据收集与处理过程中的隐私保护力度。妥善限定企业及其他数据使用者的数据分析范围和结果分享方式。最后,建立事前和事后的风险防控体系,将对个人和企业的隐私保护贯彻到体系设计中,加强对个人和企业信息滥用、盗用和侵用的惩罚力度,为制造企业利用互联网、大数据和云计算等技术进行智能制造应用、改造和升级提供法律保障。健全知识产权信用管理制度,将符合条件的侵权假冒案件信息纳入全省公共信用信息服务平台,强化对侵犯知识产权等失信行为的惩戒。支持组建产业知识产权联盟,加强智能制造重点领域关键核心技术的知识产权储备,鼓励和支持专利高端运营和跨国知识产权许可。

4. 营造良好环境

要采取传统媒体与新兴媒体相结合的方式,多渠道、多层次加大智能制造政策、措施、实施成效、试点示范经验的舆论宣传力度。创新智能制造宣传方式,开设官方网站智能制造专题,同时利用经验交流会、展览会、论坛、广播、电视等多种媒体传播形式,并更多地使用微博、微信等社交化媒体进行智能制造的推广宣传。用好做强出版社、杂志社等传统宣传阵地，借助其理论性、思考性强的优势，密集推出出版物、年鉴、简报，及时推介试点示范成果，努力做到上通下达，必要时以内参形式反馈智能制造推进的相关问题，加强政策的针对性、及时性。要与地方经信委、产业协会紧密协作、上下联动、齐头并进，共同营造智能制造推广工作的良好舆论氛围。具体地，通过四大措施营造良好氛围：试点示范、经验总结、宣传推广和规避信息安全风险。试点示范方面，选择企业开展"面向全局，自上向下"和"以解决问题为导向、自下向上"两种路径的试点示范。"面向全局，自上向下的实施路径"是指以购置、升级、普及成熟硬件和软件等智能相关产品，构建数据库、知识库为核心，全面收集整合主体各种资源，形成大数据平台，建立标杆，形成应用模式，实现全面推广。"以解决问题为导向、自下向上的实施路径"是指针对生产过程中的关键"瓶颈"问题进行分析，如设备参数设置、工作人员操作、原材料、生产排程等，然后通过升级改造集中解决某类问题，从局部智能逐渐实现全面智能化。经验总结方面，针对各试点示范企业，总结不同路径特点及适用企业、企业采用该种路径需要具备的基本条件，为推广做准备。宣传推广方面，一是经验交流，定期组织现场经验交流会，选择适合典型试点示范企业，就智能制造实施路径展开详细汇报，促进企业交流。二是集中展示，积极利用中国国际工业博览会等大型展会，集中展示试点示范项目取得的成效，在宣传企业自身成绩的同时也为更多的企业树立榜样。三是案例汇编，加强对试点示范效果的跟踪和

第五章

江苏智能制造发展的保障机制与支持政策

经验总结，汇编典型案例，公开发布，进行宣传推广。规避信息安全风险方面，风险是一切经济社会事务发展必须重视和规避的重要问题。"两化"深度融合的信息、网络安全是个突出的新问题。为了实现"两化"深度融合安全，首先需要建立有效的网络安全管理制度和专兼职的网络安全组织机构。同时需要有效的网络安全技术和防御策略，应该具体到从云技术策略的网络安全和连接到网络的尖端设备安全两方面考虑，从安全流程和控制设计多层次防御；再有就是需要相关多方面参与，需要相关管理机构牵头，由技术供应商、资产所有者、监管机构、国际性组织、学术界等各方面积极主动参加的安全管理和风险防范体系。

第二节 优化发展生态

智能制造是一个系统工程，不仅在企业内部需要聚合生产要素，而且在各个产业链，也需要整合各类要素。江苏智能制造发展离不开良好的产业生态环境，需要从企业到产业链整体的生态发展支持。

1. 企业内部信息流、资金流和物流的纵向集成

纵向集成是一个组织拥有一个供应链各个部分的方法。实际上纵向集成是供应链中形成一个完整的信息流、资金流和物流的集成。信息流，从广义上来讲，是指人们采用各种诸如收集、传递、处理、存储、检索和分析等方式来实现信息交流；从狭义上来讲，是指信息处理过程中信息借助计算机系统和通信网络进行的流动。资金流是指营销渠道成员之间对商品实物以及所有权的转移而进行的资金往来流程。物流是指在产生购买欲望的前提下进行的物品交付流程。一个企业发展成功与否，关键是要看以上这"三流"的情况。其中，信息流的质量、速度和范围可以很好地"映射"出企业的生产、管理和决策等能力的高低。而资金流、物流都是在信息流的基础上产生的最高体现。事实上，企业

第五章

江苏智能制造发展的保障机制与支持政策

内部的信息流是手段，资金流是条件，物流是终结和归宿。由于有了需要或者购买欲望才会购买某件商品，然而不付款，就不会得到该物品的所有权，因此资金流是条件。如果决定购买，资金也做了充足的准备，这时买主就会向商店、电商的卖主传递一个购买信息，这个传递信息的过程也就是实现购买的一种手段，因此信息流是手段。然而在资金流和信息流产生以后，就会出现一个物流的过程，从而决定商品的最终归宿，因此物流是终结和归宿。物流如果不存在，那么信息流和资金流都没有任何意义。

进入智能制造时代，全球各项制造业的发展都较传统制造业在各方面有了极大的提升，信息化、网络化和智能化成为实现智能制造的标杆。智能制造强调的就是信息流、资金流和物流三者的集成，即纵向集成。一个高度纵向集成的企业，可以全盘控制从原材料的准备到产品零售过程中的所有行动。对于制造业工厂或者企业来讲，以往传统的供应链中，生产模式采取的是线性生产模式，工单到物料单，其产品信息是从单独的一个节点到另一个节点。然而这种模式存在很大的缺陷，一旦某一个节点的信息流出现了变更或错误，以后的每个节点也会继续错下去，甚至在资金流、物流之中会出现更加严重的结果。对于客户来讲，造成的不仅仅是时间上的浪费，还有间接意义上的资金流失等。

由此可见，纵向集成在企业发展中起到了至关重要的作用。在智能制造时代，对于一个拥有纵向集成的制造业来说，纵向集成度的高低决定了其在买卖交易市场中的交易成本的高低，也决定了能否更好地控制信息流、资金流、物流以及成本的高低。因此，纵向集成是推动企业快速发展的动力。

2. 企业间融合发展：通过价值链实现资源横向集成

智能制造时代，必将是市场竞争异常强烈、信息技术创新越发凶猛的时代。企业内部在生产过程中仅仅追求信息流、资金流和物流的集成，已经不能满足于全新的市场竞争特征与信息技术的创新。企业之间也通过价值链以及信息网络实现资源整合，为实现企业间的无缝合作，提供实时产品与服务，从而推进企业间研产供销、经营管理与生产控制、业务与财务全流程的无缝衔接与综合集成，实现产品研发、生产制造和经营管理等在不同企业间的信息共享和业务协同。这便是横向集成的真正内涵。由于横向集成的对象都是在企业与企业之间，因此，横向集成的对象都处于同一层次上，所以，横向集成又叫作水平集成。

无论是通过价值链实现资源整合还是通过信息网络实现资源整合，都是"工业4.0"时代进行横向集成的方式。横向集成强调企业之间价值链上某个环节的资源如何进行有效利用、如何进行有效整合，从而提高每个环节的效用和价值，最终使企业之间共同创造价值链的最大化价值。横向集成的资源整合包括客户资源整合、能力资源整合和信息资源整合。对资源进行整合实际上就是使资源配置最优化。资源整合的目的就是通过组织制度安排和管理运作协调来增强企业竞争力，从而提高客户服务水平。

一是通过价值链实现资源整合。事实上，企业间价值链的核心竞争力就是不断地构建和重构价值链，从而不断地对价值资源

第五章

江苏智能制造发展的保障机制与支持政策

进行整合，谁有足够的力量和能力对资源进行整合和治理，那么谁便会在竞争中获得更多的优势。在"工业4.0"时代，企业与企业之间的竞争不仅仅是某个环节的竞争，而且是整个价值链中上下游企业之间的竞争，因此这就决定了"工业4.0"时代企业与企业之间是一种既竞争又合作的关系，只有这样才能保证在激烈的市场竞争中每个企业都可以更好的发展。这就要求，在企业与企业之间形成的价值链上，每个企业作为价值链上的一个节点，都需要有强大的培养和保持价值链的创新能力，只有这样才能更好地实现客户资源、能力资源和信息资源的整合。

以华为为例。一直以来，华为都把其商业实践定义为："全球化和本地化结合发展，打造全球价值链，整合全球最优资源，并帮助本地创造发挥出全球价值。"华为所提到的全球化实际上是运营的全球化和投资的全球化，将全球的优质资源全部整合到其全球价值链中。在全球价值链中，其上下游企业作为一个单一的节点，可以创造出更大的价值供全球分享。目前，华为已经在全球各地拥有优质资源的地方建设了16个不同的研究所、40多个专业能力中心和28个联合创新中心。通过这些中心和研究所的通力合作，将各种优质资源进行整合，从而打造出一个全新的全球化创新平台。华为在全球与不同国家的众多企业之间建立合作伙伴关系，也高度整合了合作伙伴的能力，加速了全球资源整合的步伐。

二是通过信息网络实现资源整合。随着网络技术的日益精进，计算机技术、存储技术的不断发展，以及互联网全球普及的实现，信息网络作为网络的一种，其出现是网络技术发展到一定程度的必然产物。信息网络是信息资源开发利用和信息技术应用的基础，是信息传输、交换和共享的必要手段。先进的信息网络是实现信息化整体效益的必备条件。信息网络可以满足信息技术应用和信息资源分布处理所需的传输与通信功能。简单来说，信息网络可以实现资源的整合。信息网络在实现资源整合的过程中具有极大的优势。由于信息网络可以实现信息的传输、交换和共享，因此，更加便于对资源信息进行收集、分析、处理与整合，进而使企业间的资源得到更加优化的配置，从而强化企业的战略协调能力。

3. 产业链上下游贯通：重构产业链各环节的价值体系

围绕产品全生命周期，其流程从一个端点到另一个端点是非常连贯的，没有局部流程和片段流程存在，也没有断点存在。从制造业企业来看，产业链中的生产设备、生产线、供应商、经销商和用户等围绕整个产品生命周期的价值链上的管理和服务都是整个物理信息系统需要进行连接的端点。在整个价值链中的工程化数字集成，是在终端数字化的前提下实现的基于价值链与不同企业之间的一种整合，从而最大化地实现个性化定制。这也正与智能制造时代以满足客户个性化定制为发展核心的内容相吻合。简单来讲，端到端集成就是指所有连接的端点都集成互联起来，并且对价值链上各企业的资源进行整合，使产品设计、生产制造和物流配送以及使用维护等产品的全生命周期实现统一管理和服

第五章

江苏智能制造发展的保障机制与支持政策

务。通过价值链创造集成供应商（包括一级供应商、二级供应商和三级供应商等）、制造商（包括研发、设计、加工、入库和配送）、分销商（包括级分销商、二级分销商和三级分销商等）以及客户信息流、资金流和物流，从而为客户提供更有价值的产品和服务，与此同时也重构了产业链各环节的价值体系。

基于整个产业生态圈中的各个端点的通信协议有所不同，因此数据进行采集时的格式和频率也有所不同。如果想让这些不同的通信协议的端点能够实现互联互通和互感互知，就必须具备一个能够将其统领的平台。这个统领平台就是企业服务总线，通过该平台可以实现端点与端点之间的互联互通，只有这样，各个端点与端点之间的集成才会变得容易许多。事实上，端到端的集成既可以是企业内部之间的纵向集成，又可以是企业外部之间的横向集成，然而其最主要的关注点放在了流程整合上。例如，在提供用户订单的全程跟踪协同流程上，将企业、用户、第三方物流和售后服务等产品全生命周期服务的端到端集成。

4. 构建综合联盟

智能制造的发展是一项系统工程，需要解决一系列复杂问题，将酝酿一系列新的要素，包括新的应用技术、新的生产主体、新的设施与标准、新的产业环节、形成新的协同关系与价值路径。这一过程中，构建完整的生态体系成为全球智能制造发展的重要手段，生态型发展是发达国家推动落实智能制造的共同举措。在政府与产业层面，美国、德国、英国、日本等发达国家均推出以生态构建为核心的智能制造发展战略,强调打造"政府—基础创新机构—应用研究机构—企业—专业服务机构"为一体的基础创新与产业化生态圈,领军企业通过构建产业联盟和平台产品,推动跨界企业合作,加快构建智能制造持续发展的生态圈。

一是政府牵引构建基础创新与产业化生态体系。政府是智能制造生态构建的重要主体,政府通过打造创新中心、产业集群等组织,加速智能制造创新与产业化,形成跨界融合生态。例如,美国依托国家制造创新网络(NNMI)和制造伙伴计划(MEP)构建的区域产业集群,推动政府、科研机构、创新中心、企业等不同主体之间合作,促进生态建设。其中,以制造业创新网络计划NNMI为代表的应用研究机构与制造业扩展伙伴关系MEP为代表的服务机构是技术创新与产业化的关键。NNMI衔接基础研究与产业化,是美国制造业生态构建的核心。MEP是先进制造技术产业化的基础,是实现中小企业生态聚合的载体。NNMI与MEP相互协作,通过衔接基础研究与产业化和供应链创新,推动美国先进制造发展,已成为美国制造业创新生态的核心和基础。德国依托"工业4.0"平台+区域产业集群,聚合政府、科研机构、协会和企业等主体,构建"工业4.0"生态体系,推动"工业4.0"战略落地实施。在"工业4.0"生态体系中,各主体功能明确、主体间互动频繁、创新要素流动通畅。政府通过资金投入、财税政策、法律保障等营造整体发展环境;以高等院校、马普协会等为主的科研机构进行基础技术创新;应用研究机构和企业构成区域产业集群(含弗劳恩霍夫协会),以当地产业优势为

第五章

江苏智能制造发展的保障机制与支持政策

依托,开展相关技术的应用研发和产业化;"工业4.0"平台对接科研机构、区域产业集群,牵引智能制造基础创新、成果转化和产业化,从上至下进行牵引与协调;德国商会、史太白技术转移中心等专业服务机构提供咨询、协调、资助、评估、技术转移等服务,发挥支撑作用。英国的制造业创新生态以政府为主导,通过建立基础研究与应用开发之间的衔接,形成有效的技术伙伴关系。在制造业基础研究阶段,国家工程和物理研究理事会(EPSRC)主导建立创新制造中心(CIM)来开展长期项目研究。每个CIM都是与企业联合创建的,并且获得来自企业和其他资助者的进一步投资。目前已建成16个CIM中心,在英国顶尖的大学共支持了230个前沿研究项目,总投资超过3.5亿英镑,有超过600家的合作公司,吸引了1.36亿英镑的企业资金。

二是联盟聚合构建跨领域技术融合生态体系。产业联盟是智能制造生态主体的重要组织形式,产业联盟聚集跨界企业主体,通过参考架构、测试床、标准化和市场推广,为跨界融合创造良好环境,推动面向技术集成研发与应用合作,形成跨领域技术融合生态。具体地,联盟通过统一参考架构形成理论共识,建立相关技术体系,统筹引领创新、产业化与应用。以美国工业互联网联盟(Industrial Internet Consortium, IIC)为例,IIC是由装备、自动化、IT、软件等领域企业以及研究院所共同组建的产业联盟,旨在推动跨界技术创新与行业应用,IIC首先构建了统一的工业互联网参考架构IISA,在技术架构指导下鼓励跨界企业开展技术试验验证与应用。德国"工业4.0"平台作为联盟机构首先发布了"工业4.0"实施战略及参考架构RAMI4.0，统一了产业界认识，其参考架构影响力也渗透到德国政府，成为"工业4.0"主推技术体系。通过联盟搭建开放式平台，促进跨领域企业的数据与资源聚合，加强交流互动。以智能制造领导联盟（Smart Manufacturing Leadership Coalition，SMLC）为例，SMLC是由工业企业、自动化企业、高校及政府部门共同组建的产业联盟，其聚焦通过数字化手段解决流程工业中能源优化、效率改进等问题。尤为注重通过搭建开放式平台的方式，促进不同企业间数据、资源的汇集共享，进一步搭建广泛的智能制造应用开发测试床，从而打造各类系统的优化解决方案，构建智能制造应用生态。通过搭建测试床，推动技术测试，跨界开展技术融合创新和应用实施的试验验证。如IIC测试床成为企业推广解决方案、构建产业生态的重要平台，也成为工业互联网参考架构在产业界具体应用落地的样板与示范，相关成果既可培育成新的产品或市场解决方案，同时也可以形成特定的行业标准和应用模式。"博世—库卡—GE—思科—NI""三菱—日立—Intel"等横跨工业领域、信息化领域的测试床项目正在逐步形成，一些企业通过参与多个测试床项目的方式扩大其合作范围，增强其产品和解决方案的产业影响力，进一步构建了工业互联网发展生态。

三是巨头主导构建跨界产业合作生态体系。行业巨头是智能制造生态的核心主体，行业巨头通过并购、重组或打造平台化产品，从各自优势领域向智能制造全环节拓展，聚合跨界企业，形成跨界产业合作生态。包括工业企业巨头基于技术与市场优势，

第五章

江苏智能制造发展的保障机制与支持政策

以协议标准化为纽带建立联盟，通过技术标准的认定和发布，聚合技术相关主体，构建产业技术生态。以西门子为例，基于自动化产品先进技术和市场占有率的巨大优势，西门子牵头成立了工业以太网（PROFINET）以及现场总线（PROFIBUS）标准的国际性组织PI，以工业以太网技术研发和应用为目标，以协议标准化为纽带，通过技术标准的认定和发布，为关键技术发展提供方向和引导，集聚了产业界技术相关主体，其成员有技术研发单位、产品制造企业、系统集成商和主要应用企业等。目前，PI联盟成员数已达1500多家，涵盖西门子、菲尼克斯、施耐德、ABB、德州仪器等工业自动化巨头企业。西门子依托PI联盟，一方面组织开发以太网、现场总线技术，研制以太网、现场总线产品，推广以太网、现场总线技术和产品的应用等；另一方面将其主导的自动化相关标准向IEC TC65进行输出成为国际标准，并帮助成员企业建立该技术产品的测试实验室，实现对成员企业的标准认证，通过这两方面构建了智能制造标准生态圈。行业巨头基于平台化产品，集聚上下游企业，整合数据及经验，构建跨界产业生态。随着新型集成化产品的出现，将初步打通IT-OT层，实现纵向生态的聚集。目前，最为明显的路径是基于工业IoT平台构建的新产业纵向生态。如GE构建开放新型平台Predix，打通制造体系各层级数据，并通过核心应用产品Predictivity整合行业经验，推动关键领域合作，构建跨界平台型生态圈，主要措施体现为四个方面。（1）基于GE Predix平台，整合行业经验，推动关键领域合作，构建跨界平台型生态圈；（2）与专业技术企业如大数据建模、云计算等建立战略合作，实现技术产品的共同研发；（3）基于装备和自动化优势，通过并购合作，增强自身IT实力；（4）主导建立美国工业互联网联盟（IIC）实现更深层次的产业推广。巨头企业通过平台实现跨层级的纵向整合，能够打通从单台机器到企业管理系统的数据，从而将企业的现场控制、生产运营和企业管理进行无缝对接。根据实时获取的海量工业数据，能够进行深层次数据建模分析，开发更为丰富的智能制造解决方案。目前，国际产业巨头如GE、IBM、英特尔、SAP等均陆续开始涉足工业IoT平台，使得工业IoT平台成为智能制造生态布局的重要抓手。互联网企业借助自身开放性和纽带性的独特优势，基于核心技术能力构建具备优势互补、互利共赢特点的跨界生态。以谷歌为例，一方面凭借其在移动智能终端领域的优势地位，通过在智能终端操作系统中内置Android Auto App，实现传统汽车企业和ICT企业以及第三方开发者的互联互通，推动移动智能终端领域开放共享的App开发生态向汽车领域渗透，构建新型的跨界生态圈。另一方面，谷歌积极开发专有的汽车操作系统Android Automotive，改善现有汽车系统品牌壁垒高、互操作性差的特点，构建面向汽车领域的专业开发生态，降低自有的无人驾驶技术、车联网技术的进入"门槛"，进一步深化生态圈成员关系。通过汇集ICT和传统整车企业力量，谷歌成功为自身先进技术构建了应用平台，也通过开放共赢推动了汽车市场价值的提升。

　　四是建立智能制造创新中心。我国的智能制造基础技术、系

第五章

江苏智能制造发展的保障机制与支持政策

统软件开发、原始创新能力与国外发达国家还存在巨大差距,需要借鉴美国创新网络建设的经验,以创新驱动发展的理念推进我国智能制造创新体系的建设,建立以政府为主导、企业为主体、研究机构及社会资金广泛参与的智能技术与系统的创新中心。在不同领域、不同区域建立智能制造基础技术创新研究中心、智能制造工业软件创新研究中心、智能系统集成研究中心、智能装备创新研究中心等与上述几个大类相关的研究中心。鼓励高层次研究人才参与到智能制造的创新活动中去,着力推动企业在制造技术开发中的引领作用,引导社会资本投向制造业智能化的研发过程中。

推动形成包括多元化主体和多元化路线的产业创新和技术扩散体系。对于智能制造这项新兴技术革命,多方参与、多线并进的开放性创新机制是提高试错与迭代速度、探求适用性智能制造体系的最有效手段。虽然有的发达国家将率先推出数字物理系统的技术标准作为智能制造竞争的最终目标,但政府并不是指定特定组织开展预先研究、待形成成熟标准和架构后再大规模推广,而是以协调相关创新主体之间多种形式的合作研发为重点,促进适用性标准和架构的形成。我们可借鉴国际经验,在加强智能制造领域资金扶持的同时,以普惠性政策推动形成多元化的(而非少数企业主导的)、竞争与合作并存的产业创新格局,鼓励企业以解决现实问题为宗旨,自行探索并固化智能制造的成熟经验,发展自有技术标准体系。引导组织智能制造产业联盟合作和关键技术攻关,培育并发挥行业协会和地方工业联合会等在公共服务方面的积极作用，强化面向产业联盟的独立评估与信息公开机制，保证广大企业能够快速分享政府扶持项目的知识和经验，加快中国智能制造企业的整体技术进步和本土模式形成。注意利用中国的市场优势，通过恰当的机制设计，在保证产业安全的同时充分吸收国外领先企业参与国内产业联盟，在合作过程中逐步掌握主动权，使中国智能制造技术标准成为国际工业社会广泛接受的标准。

加快形成协同创新的科技创新体制。加大基础研究投入力度，设立"智能制造重大工程"，统筹省内在智能制造领域具有优势的高校、研究机构、重点实验室等各方面资源，形成各具特色与专长的智能制造研究平台。拟成立"智能制造共性技术研究院"，集中优势科技资源加快实施重大科技专研项目，尤其是建模与仿真技术、工业数据采集与管理技术等共性关键技术攻关。攻克传感器、测量仪表和装置、控制系统、机器人、伺服传动装置等发展智能制造所必需的关键部件及核心工业软件技术难题。推动对自主知识产权研发成果的应用，提升智能制造装备和技术的国产化水平。鼓励高校和科研院所向中小企业和普通民众开放基本的研究实验设施，同时鼓励各类科技服务平台建立跨地区的服务机制，从而最大限度地使中小企业和普通民众能够切实利用公共科技资源。

第三节 提供人才保障

智能制造对人才提出了与过去截然不同的要求：既有虚拟世界中的产品设计、规划，又包含了现实世界中的生产、物流。不仅要求员工对日益增长的复杂性有一定的掌控能力，还要求员工具备认真负责的工作态度、灵活多变的领导能力以及协作精神。可见，"工业4.0"时代并不是危言耸听的软件取代人的时代。相反，人的主观能动性将在"工业4.0"的发展进程中起到不可取代的作用。例如，无论是硬件的提升还是软件的改进，其中起决定作用的始终是人；智能制造的关键——信息物理系统无法独立完成产品的设计、制造和生产，必须由人事先设定好优化准则，信息物理系统才能按照相应的准则在生产框架内确定生产内容并完成制造、检测和评估。在智能机器完成生产制造的背后，必须由人承担起诸如设计、安装、改装、保养以及对信息物理系统、新型网络组件维护等工作；他们同时还要对生产设备模式、框架结构、规章条款进行优化，利用信息技术使仿真程序运转，并对替代方案进行评估——也就是说，即便拥有了智能，产品仍不能决定自己将如何被生产出来，而是根据决策者，即人优化出的生产方案进行生产制造。那么，在智能制造时代，需要什么样的人才？如何培养人才呢？

1. 明确人才培养目标

随着人在生产制造中的角色和作用发生改变，智能制造对优秀员工的评判标准也发生了变化：由于对产品和生产方式的要求越来越高，智能制造对员工专业水平的要求也越来越高；未来的工作岗位将更加注重技术专业性，熟练工种逐渐减少，能动性岗位越来越多。为了更好地拥抱智能制造时代，企业需要储备和培养更多数据科学、软件开发、硬件工程、测试、运营及营销等方面的高端人才。与此相对应的，当德国企业界谈到迎接"工业4.0"时代所面临的挑战时，无论是传统制造型企业，还是信息、通信和技术企业，都把人才问题看作他们必须跨越的巨大鸿沟。这主要是因为，目前传统的大学教育体系中的学科设置和教学理念是基于20世纪70年代的工业需求制定的，过去40年所形成的学科专业不断细分的教育模式，在今天已经很难培养出能够驾驭复杂多变的综合性制造业体系的人才。"工业4.0"不仅对企业提出了挑战，而且对传统的教育体制亮起了变革警示灯。

一是实现由知识型培养向创造型培养转变。在"工业4.0"时代，互联网无处不在、无时不在，知识获取更为方便、快捷、多元，所以，知识获取相对于创造能力培养的重要性下降，这就要求人才培养必须从知识本位向创造本位转型。要树立多元化、个性化、差异化的人才培养理念，更加注重良好学习心态的塑造，调动学生的主动性，激发学生的创新意识，培养训练人才的

第五章
江苏智能制造发展的保障机制与支持政策

创造能力、思考能力、人机交互能力和在互联网环境下的终身学习技能。要掌握在网络环境下访问、探究、评价和深度思考信息,在海量数据中分析并解决问题,在模拟情境中解决真实世界问题的能力。

二是实现由单学科"专精尖"培养向跨学科复合型培养转变。大规模生产时代,产业领域对"螺丝钉"式专业性人才需求旺盛,导致高等教育按照学科分门别类地培养"专精尖"人才。在"工业4.0"时代,通过互联网和物联网的"糅合",不同行业领域的联系更加紧密,由此带来的非线性、非常规、系统性的复杂问题也会成倍增加。以完整的知识体系、清晰的概念与理论框架为基础的分科教学制度,擅长培养"专精尖"技术人才的模式,将难以适应学科交叉、知识融合、技术集成的"工业4.0"要求,只有打破学科壁垒,通过跨学科、跨领域和跨专业"混搭式"复合教学模式,才能培养出具备应对复杂问题能力的复合型和全能型人才,更适应时代发展需求。

三是实现由学术性培养向实践化培养转变。由于长期以来重"学"轻"术",实践教育得不到重视,沦为理论教学的附属品,实践性培养一直是人才培养的短板。面对"工业4.0"的高层次人才需求,人才培养应摆脱传统教育思想的束缚,在夯实研究生学术素养的基础上,更加注重发现问题、解决问题能力的培养。通过增加实践性质的课程,提高教学过程的实践性,培养人才运用科学知识创造性地工作的能力和在某个领域里的适应性品质,避免传授单一的专业知识。

四是实现由阶段性学习向终身制学习转变。"工业4.0"时代，由数据挖掘、智慧系统和机器人共同组成的智能制造系统既把人们从程序化的工作中解放出来，也催生出更加便捷、高效、智慧的生活方式，同时对人的创新能力、沟通能力、合作意识、综合能力提出了更高要求。新问题、新知识、新技术必然大量涌现，知识广度和深度不断增加，知识迭代周期缩短，传统教育的知识供给量和教学内容新鲜度跟不上知识迭代速度，使得每个人不断接受终身教育、开展终身学习已经成为一种必然。这就要求学习活动由阶段性锻炼向常态化、动态化转变，要树立终身化教育理念、建设学习型社会，为随时学习、终身学习提供教育体系保障，才能加快知识更新速率、扩展知识宽广度，不断吸收新知识、新技能，提升处理复杂问题的能力。

"工业4.0"需要什么样的人才？未来在智能生产中，人的重要性将越来越凸显，即使是最先进的工业软件和最好的信息系统，如果没有人对其进行规划和控制，就无法发挥出应有的功效；企业只有凭借新型人才，才能研发出最好的产品，创造出最合适的生产机制；并且只有合格人才才能时刻以清醒的头脑和全局眼光，独立、迅速、正确地做出决定。以下列举出智能制造所需要的合格人才：一是交叉人才。这类人才对机械工程等传统工程学科以及信息、计算学科的知识融会贯通，从而成为"数字—机械"工程师，未来，企业对各种交叉人才的需求将大幅增加。二是数据科学家。他们是分析平台与算法、软件和网络安全的工程师，主要从事的工作包括统计、数据工程、模式识别与学习、

第五章
江苏智能制造发展的保障机制与支持政策

先进计算、不确定性建模、数据管理以及可视化等。三是用户界面专家。在人机互动的工业设计领域，用户界面专家能够根据所需获得的产出目标，高效地整合最低投入所需的硬件和软件资源，或者最小化机器设备的不必要产出，从而达成目标的实现。

2. 选定人才培养方式

智能制造对人才培养所带来的挑战不仅仅停留在传统的教育体系层面，社会技术工厂职业及学术培训乃至持续职业发展（Continuing Professional Development，CPD）等都面临着新的挑战。在智能制造时代，工作和技术很有可能会向两个趋势转变：第一，以明确分工为特征的传统制造工艺将被嵌入新的组织和运营结构中，配之以决策、协调、控制和支持等方面的服务功能；第二，组织、协调虚拟世界与真实世界的机器进行交互，或者设备控制系统与生产管理系统之间进行交互的工作将变得非常必要和重要。这也就意味着，如今只是在较小范围内执行的很多工作任务，未来将会作为构成范围更广的技术、组织和社会背景的一部分来加以执行，智能制造将极大地改变工人的工作和技能，因此，有必要通过促进学习、终身学习和以工作场所为基础的持续职业发展等计划，培养"工业4.0"时代的人才。当前，德国的联邦政府和州政府设立的研究所、大学都已经参与到"工业4.0"的技术开发、标准制定，以及人才培养体系等工作中，成为"工业4.0"战略实施过程中的一支重要力量。德国人工智能研究中心、国家科学与工程院（Acatech）等顶级研究机构已经展开了涉及"工业4.0"的一系列项目研究；弗朗霍夫应用研究促进学会在其所属的7个研究所内均引入了"工业4.0"的研发项目；凯泽斯劳滕大学（Technischen University Kaiserslautern）、慕尼黑大学（Ludwig – Maximilians – University Munchen）、达姆施塔德大学（Technische University Darmstadt）、美茵茨大学（Johannes Gutenberg – University Mainz）等学府也围绕信息物理系统、智能工厂、智能服务、系统生命周期管理（System Life – cycle Management，SysLM）等开展了一系列前瞻性的研发工作，另外也有部分大学参与到"工业4.0"平台（Platform – i4.0）工作体系中。与此同时，对于"工业4.0"人才的培养工作也正在如火如荼地开展，主要是从以下两方面着手实施的。

一是实现跨学科交流与合作。随着软件和无线网络领域的飞速发展，人们发现在这些领域明显缺乏优秀的机械、电子和计算机工程师。"工业4.0"时代，对人才处理多学科合作的能力提出了越来越高的要求，因为智能制造中的各个环节必须进行跨学科合作，这需要不同学科之间相互理解对方的立场和方法，在战略、业务流程和系统上以综合眼光分析问题，并提出解决方案。目前，有一些企业正通过交替性工作的方式来培养人才的跨学科技能。

二是建立企业与高校之间的培训伙伴关系。未来，对应用程序需求的识别能力以及从世界各地招募开发伙伴的能力将会比纯粹的技术专长更为重要，并且，通过标准化的培训方案所培养的人才，将无法满足极其广泛的潜在应用程序的巨大需求。唯一有效的解决方案，就是在企业与高校之间建立起培训伙伴关系，开展诸如由工作实习和进修课程组成的短期基础培训项目，强调可转化技能的理工科学习，等等。校企间培训伙伴关系的建立，需要首先确定与智能制造相关的学习内容，开发适当的教学和方法论。尤其是在一些极富创造性的商业领域，如跨学科产品和过程的开发。通过促进学习和实施适当培训的方式组织工作，可以在制造业实现以人为本的理念，促使企业认真思考员工在教育、经验和技能集合上的差异，从而增强个人和企业双方的创新能力。

3. 创新人才培训机制

通过政府工程、试点示范、共建实验室和校企合作等方式开展智能制造人才培训。一是支持智能制造试点示范企业开展智能制造人才培训。支持有条件的试点示范企业建成开放共享、生产教学融合的智能制造实训基地。结合智能制造试点示范专项行动，每年在全国范围内遴选10家实训基地作为工信部智能制造人才培训基地，每年从智能制造工程中划拨5%资金给予支持。二是推动产教融合发展工程向智能制造倾斜。协调发展改革委、教育部、人社部等相关部委，将其中1/3的资金支持立足国产化装备的智能制造实训基地的建设，以满足智能制造人才培养的需求。三是鼓励国产装备厂商与院校开展共建智能制造实验室建设。引导国内国产装备厂商开展校企合作，有效化解教育培训渠道装备国产化不足的现象，推动院校应用国产化装备，对采购国产化装备达到一定比例的院校给予奖励。四是推动设立智能制造人才培养校企合作联盟。推动工信部直管高校、共建高校、试点示范企业等机构共同组建"智能制造人才培养校企合作联盟"，共同推进课程改革，制订人才培养计划，培养综合型人才。

第五章

江苏智能制造发展的保障机制与支持政策

第四节　强化要素保障

发展智能制造离不开资金、硬件、政策等各类要素的支持，尤其在国际智能制造快速发展的大背景下，如何面对各国的智能制造企业的竞争，需要政府在要素保障方面给予大量支持。

1. 加大财税支持

实施税收补贴及社会资本的引入。智能制造前期的发展需要投入大量的资金，制造企业在引入智能技术、系统软件及智能部件时，面临较大的成本压力，往往使得其进行改造升级的积极性减弱。因此，政府应做好相关的优惠政策及制度支持政策，合理引导制造企业的智能化升级建设。一是可适当降低对制造企业的税收幅度，对其购买的工业机器人、3D打印、大数据管理技术、物联网等智能技术给予一定的税收减免及补助。二是做好先进制造技术的对接工作，帮助制造企业较容易地匹配到所需的技术，减轻企业寻找技术的外部成本。三是对智能制造网络基础设施进行投入，建立区域性甚至全球性网络服务空间平台，为制造企业配置资源提供便利性。四是可建立由政府、企业及社会资本共同组成的融资体系，进行对相关制造企业的智能化升级改造。

引导企业加大投入。进一步提高企业承担政府科研项目的比例，完善智能制造科技创新税收政策，做好企业研发费用和技术开发费用的认定等工作，统筹协调支持智能制造装备产业技术创新的各项政策，形成政策的协同效应。制定实施首台（套）、重大智能制造装备认定和财政金融扶持政策。政府有关部门应出台鼓励政策，对经认定拥有核心关键技术、具有重大战略和示范推广意义的高端装备重点首台（套）项目，按照设备价格的一定百分比给予奖励，以推动智能制造装备的生产和应用。积极引导天使基金、风投基金、股权投资基金等金融资本支持智能制造装备产业的发展。促进智能制造装备产业与资本市场的联结，实现产业资源和资金的有效配置。联合国内外知名风险投资机构设立重点行业领域特别是机器人智能装备行业的引导基金，通过市场化运作，加快推动智能制造装备产业的研发、生产、推广和应用。

强化金融财税支撑，形成有利于智能制造发展的金融财税政策体系，积极引导金融机构依法创新符合智能制造的产品和业务，引导风险投资、天使投资、私募股权投资等投资于实施智能制造的企业。鼓励装备制造企业、系统解决方案提供商、用户、保险公司、银行、融资租赁公司创新融资新模式，用于智能制造模式创新和应用推广，缓解智能制造应用的资金"瓶颈"。鼓励保险机构通过首台（套）重大技术装备保险、贷款保证保险等产品为智能制造企业提供保险保障。加大对智能制造软件开发运营商以及智能制造项目企业的资金支持，引导政府和工业企业、互联网企业等在资本、技术层面开展合作，共同打造智能制造产业

第五章

江苏智能制造发展的保障机制与支持政策

生态系统。结合全面推开营改增试点，将智能制造模式创新纳入企业增值税抵扣范围，落实各项优惠政策。针对智能制造领域出现的新经济，一方面规范税收制度，另一方面制定税收优惠政策，保障智能制造新模式新业态的健康发展。

探索创新适度倾斜的政策激励机制创新财政资金支持方式，逐步从"事前补贴"向"事后奖励"转变。根据企业发展需要，在电子与通信设备制造、工程机械制造、汽车制造等重点领域选择信息化基础条件较好、对智能制造需求迫切的企业，进行智能化成套装备集成应用和数字化工厂应用示范，对开展智能化改造、经营绩效突出的企业给予一定的奖励。鼓励智能装备及关键部件的国产化，对于国产智能制造零部件及设备的采购行为，给予一定额度的补贴。建立国产智能装备产品投保机制，政府可给予适当的保费补贴。

2. 创新金融扶持

实施财政金融联动助推计划。政府通过财政手段与银行等金融机构联动，通过项目贷款贴息、设立引导基金和建立风险补偿机制等方式，引导资金流向智能制造工程实施企业、系统集成商、装备制造企业和关键零部件制造企业。发挥融资租赁产融结合创新优势。政府部门牵头为专业融资租赁公司定向引入政策性银行低成本资金，并由财政出资设立中小企业设备融资租赁专项资金，可用于租金补贴、风险补偿以及相关奖励，促进智能装备融资租赁业务发展，降低企业融资难度。推动重点企业金融培育计划。由政府工业主管部门联合发改委、金融办等部门筛选智能制造领域研发实力强、市场经营水平较好的骨干企业，作为重点支持对象，定期向银行等金融机构推荐，由金融机构作为财务顾问打造综合性金融培育计划，通过量身定制专属金融服务方案，培育若干具有核心竞争力的骨干企业，带动产业链水平整体提升。改进金融信贷支持方式，对技术先进、优势明显、带动和支撑作用强的智能装备项目，优先给予信贷支持，开设融资"绿色通道"，推动金融机构简化贷款审批流程，缩短审批时间，并在贷款额度、期限及利率等方面予以倾斜。

拓宽企业投融资渠道。统筹现有资金渠道。加大高档数控机床与基础制造装备专项、科学仪器专项、智能制造装备专项、中小企业发展专项、技改资金等对产品智能化和生产过程智能化项目的支持力度。加大智能制造设备的融资租赁扶持力度。智能制造装备市场价格目前普遍较高，很多中小企业难以承受。中小企业往往由于资信不足、缺乏有效抵押物难以从银行获得贷款，而通过融资租赁可有效解决企业缺乏资金购买智能制造设备的难题。随着我国"十三五"规划的展开，工业化步伐加快，经济增长方式转变，我国目前已成为世界上潜在的最大的融资租赁市场。然而，受融资租赁业务利率高、手续烦琐、对融资租赁缺乏认识或对政策中的风险补偿制度不了解等因素影响，针对智能制造装备的融资租赁业务目前开展缓慢。政府应安排中小企业设备专项资金，以引导和推动设备融资租赁业的发展，并通过融资租赁贴息补助、融资租赁风险补偿制度、融资租赁履约保函补贴、

第五章

江苏智能制造发展的保障机制与支持政策

融资租赁业务奖励计划等方式，实现中小企业"零首付""零门槛"租赁智能制造设备。

创新发展多方共享的投融资机制。探索设立江苏省智能制造产业基金，按照"政府引导，市场运作"的原则，鼓励和支持金融资本、风险资本及民间资本进入智能制造创业投资领域。大力发展债权投资计划、资产支持计划等融资工具，延长投资期限，引导社保资金、保险资金等用于收益稳定、回收期长的信息基础设施。支持重点领域智能制造建设项目采用企业债券、项目收益债券、公司债券、中期票据等方式通过债券市场筹措投资资金。大力发展股权投资基金和创业投资基金，鼓励民间资本采取私募等方式发起设立主要投资于信息基础设施建设、智能制造技术开发、企业装备更新改造等领域的产业投资基金。政府可以通过认购基金份额等方式予以支持。加大智能制造设备融资租赁的扶持力度，通过融资租赁贴息补助、风险补偿、履约保函补贴等多种方式，帮助企业解决智能化改造的资金难题。

3. 拓宽政策空间

制定覆盖智能制造产业链的全生命周期政策体系。分析我国促进智能制造发展的规划和政策，不难发现，目前大都把智能制造技术、智能制造装备和智能生产作为发展重点，而智能制造是一个复杂的系统工程，不仅包括以上几个方面，还包括智能产品设计、智能管理和智能服务等制造全过程。从智能制造微笑曲线可以看出，智能服务是智能制造产业链高附加值所在。因此，要促进智能制造的发展，不能仅仅从智能制造技术、智能装备制造和智能生产等方面单独推进，而应从产业融合系统观的角度，从多个领域加以规划和政策支持。

固本强基，增强对制造业的政策支持力度。当前，中国制造业进入了一个增长放缓时期，产业长期下行将不利于智能制造的培育壮大。调研发现，其原因主要在于：一方面是产能过剩、成本上升，这可以通过制造业自身转型升级解决；另一个方面是金融业和房地产业等行业对制造业形成了挤出效应，这些行业比制造业的收益率更高，吸引了更多的关注和资金，同时抬升了制造业成本，压缩了制造业的利润空间，这些问题难以通过制造业自身转型升级得到解决，需要国家毫不犹豫地增强对制造业的政策支持力度，形成一套鼓励智能制造的产业政策。同时，要标准先行，行业标准非一城一地短期内能制定，要在国家层面加快推进制造业领域标准体系建设，强化制造业团体标准制定、推广力度，形成以标准带产业、产业促标准的良好发展格局。

同时，建立多层次的政策支持体系，通过智能制造促进产业升级，以创造力带来持续增长和高经济价值潜力的产品、生产过程和相关服务。尊重市场，发挥市场配置资源的决定性作用。"智能制造"并非只是一个横空出世的概念，而是制造业依据其内在发展逻辑，经过长时间的演变和整合逐步形成的，是随着市场需求的变化，集成了技术创新、模式创新和组织方式创新的先进制造系统，是集成制造、精益生产、敏捷制造、虚拟制造、网络化制造等多种先进制造系统和模式的综合。市场需求是智能制

第五章

江苏智能制造发展的保障机制与支持政策

造发展的根本动力,要充分尊重市场规律,深刻把握工业创新的内在规律和要求,既要呼应市场需求,大力培育智能制造这一新动能,又要尊重客观现实,对于不能一步到位推进智能制造的企业,其恰当的路径应当是先由"互联网+"或智能制造一端切入,然后在"移动互联网+智能产品""云计算+智能服务""物联网+智能装备""网络众包+协同研发"等路径中探索适合自身发展的融合发展路径。风物长宜放眼量,瓜熟蒂落时便是水到渠成日,切不可把智能制造变成"指标经济""口号经济"。

完善创新政策体系,打造跨部门跨区域合作的智能制造创新体系。总体上,创新政策应朝着强化核心关键技术和核心部件等基础创新与提升创新能力的体系化方向改进,在智能服务商业模式创新方面进行支持。在基础创新方面,应进一步在新型传感、系统协同、高稳定实时通信等关键技术,智能仪表、精密仪器、高性能传感器等基础部件方面加大投入力度,成立专项,组织企业和科研院所组成科技攻关联盟,重点解决我国智能制造中的重大共性技术和产品问题。在智能服务领域,由于智能服务往往具有跨领域和跨行业等特点,一般会牵涉到多个部门,因此应形成以产业主管部门为主导的智能制造创新政策体系,整合分散在工信、科技、商务和发展改革委等部门的创新引导功能,真正构建以企业为主体的创新政策体系。在智能制造创新载体方面,可以借鉴美国制造创新网络的经验,根据不同区域的资源禀赋和产业技术优势,合理安排区域创新系统建设,防止一哄而上。

4. 加强在智能制造领域的公共性技术供给力度

一是培育建设一批面向智能制造的共性技术研发及服务平台，为企业引进国外成套成熟技术及本土研发的先进技术提供支撑。二是鼓励公共性技术研发平台提供工业设计、管理咨询、合同研发、检验检测和宣传推广等服务，支持科研院所、高校向企业开放重大科研基础设施和大型科研仪器。三是加强建设国家信息基础设施和国家工程数据库。信息技术是智能制造体系的底层技术，信息存储、传输和处理能力是决定智能制造技术和智能制造系统技术成熟度与应用效果的关键因素。从发达国家的各种举措来看，工业信息的计算和处理能力已经成为影响制造业竞争力的关键。例如，美国竞争力委员会将高效能运算定义为"改变全球制造业游戏规则的机器"，建议通过积极的政企合作来整合美国的"计算资源"，将前沿计算能力转化为制造业竞争力。而我国在这一方面尚有很大发展空间。对此，应建设国家高效能运算研发中心和国家高效能运算服务中心，将既有的高效能运算技术储备转化为商业应用和公共服务，促进高效能运算前沿技术突破。同时，建设国家级工程数据库，可考虑以会员机构自愿提供、共同分享、收益均沾的工作方法保证数据收集与应用的可持续性。四是通过培育智能制造第三方服务平台，为企业提供从改造设计、设备选型、融资担保到财政补贴申请的一揽子解决方案，重点支持技术研究开发、试验检测、工业设计、信息化服务等第三方平台建设。可依托产业园区现有的公共研发创新平台，

第五章

江苏智能制造发展的保障机制与支持政策

成立相应的智能制造推广服务中心,推进典型解决方案和示范项目的推广。举办世界智能制造大会,通过学术交流、新技术与新产品展示发布、政策发布与宣讲、技术与资本对接等多种形式,积极搭建智能制造创新成果与企业产业化的对接平台。

附　录
本人的相关研究成果

附录

本人的相关研究成果

建设"智慧江苏" 推动转型升级

当前,江苏正面临着全球新一轮科技革命和产业变革的重大机遇,同时也面临着国内经济增速换挡期、结构调整阵痛期、前期刺激政策消化期"三期叠加"的严峻挑战。在转型发展的重要关口,大力推进智慧江苏建设,打造江苏信息化升级版,既是促进新型工业化、信息化、城镇化和农业现代化同步发展、推进"两个率先"的重大举措,也是推动产业结构调高调轻调优调强、加快发展方式转变的重要抓手。

一、建设"智慧江苏"正当其时,迫在眉睫

当今世界,互联网经济方兴未艾,技术进步浪潮澎湃,以大数据、云计算、平台经济、移动互联网为代表的新一轮信息技术革命正在重构产业价值链,深刻改变着生产生活方式。从全球范围看,经济社会的发展形态正在进入一个新的转折点,全面走向智能化和网络化,加快迈入信息社会。在这一大背景下,智慧江苏建设的紧迫性和必要性凸显。

江苏智能制造发展战略

　　智慧化是信息化发展到更高阶段的必然要求，是经济社会发展的大势所趋。20世纪90年代以来，世界各国纷纷把握信息化与全球化相互促进、相互交融的时代特点，分别提出了加快迈向信息社会的发展战略。特别是德国2013年推出"工业4.0"战略，积极谋求工业智能化转型的国际领先地位。在国家宽带中国、信息消费、物联网等若干重大政策推动下，近年来全国各地加快了智慧建设发展布局。北京、上海出台了智慧城市行动纲要和行动计划，广东、福建提出了"智慧广东""数字福建"发展目标，浙江、山东加快部署推进智慧建设试点。大力推进智慧江苏建设，正是紧扣发展机遇、顺应发展浪潮所作的重要判断和战略抉择。

　　智慧江苏建设是当前结构调整的重要着力点，是江苏全面转型升级的杠杆支撑。当前，全省经济社会发展的基础动力和外部环境发生了深刻变化，粗放增长、规模扩张、投资驱动的发展模式已难以为继。与此同时，以大数据、云计算、平台经济、移动互联网，智能装备、新能源、新材料、生物技术为代表的新技术和产业革命却在发生颠覆性的变化，带来了新一轮发展和增长空间。转型升级的重要方向，就是在全面深化改革、获得制度红利和数字红利的同时，走智能、集约、融合、绿色的发展道路。智慧江苏建设，能够有力推动新兴产业发展，培育壮大平台经济和网络经济，加快推进生产方式、发展模式的深刻变革，为结构调整和转型升级注入"强心剂"，对于破解当前经济社会发展难题，突破环境资源硬性约束，激发新的投资热点，缓解经济下行压力，实现持续、平稳、健康发展必将起到巨大推动作用。

智慧江苏建设是加快发展方式转变、推进"两个率先"的强大动力引擎。智慧江苏是结构调整的"加速器"，加快传统产业向网络化、智能化、服务化转型升级，推动产业结构进一步调高调轻调优调强；是发展方式的"转换器"，促进企业生产模式、管理模式、服务模式创新，提高整体素质和市场竞争力，加快由产业链中低端向高端攀升，推动传统企业向跨界融合企业转变；是产业集聚发展的"倍增器"，带动新一代信息技术、先进制造、新型商业模式业态为主体的新兴智慧产业迅速壮大和规模倍增，推动信息网络技术与制造业向深度融合发展，形成领先发展优势；是城乡一体化发展的"融合器"，改造提升社会公共管理职能，促进城市和谐可持续发展；是创新创业的"催化器"，促进创新创业人才、资源、平台集聚和产业链、资本链、人才链融合，推动"江苏制造"向"江苏创造"加快转变。

二、努力创建"四化"融合发展的先行省份

智慧江苏建设的路线图为：从现在起到 2016 年，要建成智慧产业更加集聚、基础设施更加完善、政府运行更加高效、社会管理更加精细、公共服务更加便捷、生态环境更加宜居的智慧化发展体系；到 2020 年，要建成具有江苏特色、跻身国际一流的智慧城市群，形成全球有影响力的新兴智慧产业集聚区、"两化"

深度融合示范区，实现新型城镇化和城乡一体化智慧发展，成为新型工业化、信息化、城镇化和农业现代化融合发展的先行省份，率先迈入信息社会。

要实现这一宏伟目标，必须从七个方面加大推进力度：一是大力实施"宽带中国"战略，加快推进宽带网络升级提速和下一代信息网络全面布局，提升信息基础设施发展水平；二是大力促进工业互联网、工业大数据、信息物理融合系统（CPS）、机器对机器（M2M）等推广应用，加快信息化和工业化深度融合；三是构建全面覆盖、动态跟踪、联动共享、功能齐全的社会管理与服务综合平台，加强政务服务和社会管理创新；四是构建智慧民生综合服务体系，提高基本公共服务均等普惠水平；五是推动智慧城市集约化建设，提高城市的土地、空间、能源等资源利用效率和综合承载能力；六是培育壮大新兴智慧产业，推动平台经济跨越发展，为全省经济转型升级提供新动力；七是加强网络信息安全防控体系建设，加大网络安全审查力度，加快网络安全人才队伍建设。

三、周密部署、统筹协调智慧江苏建设行动

（一）突出改革创新，坚持市场导向

把智慧江苏建设作为贯彻落实省委省政府在新起点上全力实

施"八项工程"、又好又快推进"两个率先"的新举措,以改革的思路、用创新的方法,处理好智慧江苏建设中政府和市场的关系,充分发挥市场配置资源的决定性作用,激发企业主体活力,大力促进技术创新、管理创新、业态模式创新和体制机制创新。

(二) 突出以人为本,坚持惠民优先

把服务民生、惠及民生作为智慧江苏建设的重要目标,把人才支撑、人才保证作为智慧江苏建设的重要基础,推进以人为核心的信息化和智慧化,充分应用智慧手段为社会提供多样化服务;加快培养高层次智慧化专业人才,鼓励更多的省内外优秀人才和研发团队到江苏创新创业发展。

(三) 突出问题导向,以需求为牵引

以问题为导向,把加快经济转型升级、保障和改善民生作为智慧江苏建设的出发点和落脚点,突出解决当前经济社会发展面临的重点难点问题;以需求为牵引,突出基础设施智慧化提升、"两化"深度融合、平台经济跨越发展等全省信息化发展最紧迫最关键的任务,争创新优势。

(四) 突出安全可控,统筹协调推进

加强统筹规划和顶层设计,把智慧江苏建设和全省国民经济社会发展规划、主体功能区规划、城乡发展规划等重点建设发展规划进行统筹衔接。加强资源整合,推进跨部门、跨系统、跨行

业的集约化建设。统筹协调网络信息安全和信息化发展,加强自主创新,增强网络信息安全整体防护能力建设,提升智慧江苏安全可控水平。

(发表于《新华日报》2014 年 6 月 20 日 B7 版)

附录
本人的相关研究成果

如何全面实施企业互联网化提升计划

全省经济工作会议明确提出,"十三五"时期,江苏要实施企业互联网化提升计划,大幅提升网络制造和智能服务水平。企业互联网化提升是在"两化"融合基础上的更深层次改造,是运用信息技术研发新产品、引领新应用、发展新模式、创造新业态的过程,既有利于培育发展新动能、拓展经济发展新空间,又能从根本上加快企业生产方式和发展模式变革,打造创新驱动新引擎,构筑转型升级新优势,推动产业向中高端迈进,经济保持中高速增长。

一、实施企业互联网化提升的必要性和可行性

从互联网融合发展的演进规律看,基于互联网的新一代信息技术正在形成科技革命和产业变革的核心力量。跨空间、协同化、泛资源成为企业创新的重要形态,传统企业组织扁平化、网络化不断深化,平台化、生态化等生产组织方式不断兴起。发达国家政府和产业界高度重视这一趋势,积极推动"工业4.0"、

工业互联网的部署应用。江苏省也要促进信息技术在企业生产经营各环节的深度融合和广泛应用，使互联网成为增强产业核心竞争力的重要力量。

从发展方式转变的内在要求看，平稳渡过新旧产业和动能转换期，需要有强劲有力和恒久持续的动力支撑。习近平总书记在第二届世界互联网大会上指出，"十三五"时期，中国将大力实施网络强国战略、国家大数据战略、"互联网＋"行动计划，拓展网络经济空间，促进互联网和经济社会融合发展。在企业层面实现互联网化提升，有利于从微观上推动产业结构调整、开辟经济发展的新空间。

从江苏省"两化"融合的基础条件看，江苏区域"两化"融合发展指数达92.17，连续三年位居全国第一。大量江苏企业选择使用互联网、智能制造等技术实施改造提升，为深化互联网应用打下了十分良好的基础，使企业能够全方位、多层次、跨领域、一体化，实现全业务、全流程、全链条的互联网化提升。

从企业互联网化的实践进展看，信息技术在江苏省规模以上企业的普及应用情况良好，65.5%的企业实现了管理、营销等单项业务环节的互联网化。但相对于网络经济的巨大空间，江苏省企业对互联网的挖掘和利用还远远不够。企业一旦找到了"互联网＋"这把打破困局的"钥匙"，就能迎来新一轮的快速成长。

附 录

本人的相关研究成果

二、明确企业互联网化提升的目标和方向

总体目标:"十三五"期间,践行"创新、协调、绿色、开放、共享"五大发展理念,以"跨界融合、协同创新、提质增效"为着力点,推进企业网络化、智能化、集成化、协同化,到2020年,企业生产制造和经营管理关键业务互联网化率提高20个百分点,重点管控系统集成覆盖率提高30个百分点,形成以融合创新、开放共享为特征的运行模式和生态体系。

按企业规模,大中型企业应推动实现从优化重组到跨界融合、垂直管理向扁平化运营、要素驱动向创新驱动的全面转型。规模以上企业应实现从单项应用向综合集成和融合创新的跨越。小微企业应加快基于互联网的信息技术应用。"十三五"期间,大中型企业关键环节互联网应用实现全覆盖,重点管控系统普及率达95%以上、集成覆盖率达50%以上;规模以上企业运用互联网开展研发设计、生产管理、营销服务等的比例达80%以上;万家以上小微企业实现线上线下融合型(O2O)的普及应用。

按产业形态,工业应打通生产运营全过程。生产性服务业应创新服务模式、拓展服务外延。互联网产业应实现新产品、新业态和新模式的爆发式增长。"十三五"期间,培育发展互联网与工业融合创新示范企业500家、制造业服务化骨干企业80家、B2B行业特色电子商务平台100个,形成200个提升行业系统解

决方案能力的示范带动项目；新增互联网百强企业 10 家以上，建成 20 个互联网产业园、40 个互联网众创园。

按提升重点，智能生产型企业应推进设计研发、生产制造和供应链管理等关键环节的柔性化改造，开展基于个性化产品的服务模式和商业模式创新。制造服务型企业应专注于产品设计等高附加值业务，提供线上线下智能化垂直化服务。平台支撑型企业应整合上下游关联企业资源，实现企业间业务流程的融合和信息系统的互联互通。数据驱动型企业应推动大数据在产品全生命周期、产业链全流程各环节的深度应用，分析感知用户需求，提升产品附加值。

三、推进企业互联网化提升的重点工作

突出"数字提档、智能转型、管控换脑、电商拓市、模式创新"五大重点，推进实现企业生产经营关键环节互联网化提升。

一是在研发设计环节推进实现数字提档。建设国家和省级企业技术中心、工业设计中心，增强研发设计自主创新能力。支持规模以上企业建立智能化研发设计平台，基于互联网发展众创设计、众包设计等新型研发设计模式，加强设计与生产联动协同，提高研发设计的数字化协同化水平。

二是在生产制造环节推进实现智能转型。综合运用 CPS（信息物理融合系统）、增材制造（3D 打印）等先进制造技术，构建

网络化生产制造系统，建立横向集成、纵向集成、端到端集成的智能制造体系。加强智能制造支撑能力建设，支持企业构建联结生产与管理各环节的功能性信息基础设施，促进生产设备、制造单元、生产线的系统集成和互联互通。

三是在经营管理环节推进实现管控换脑。促进企业资源计划（ERP）等关键管控软件的普及推广应用。全面开展"两化"融合管理体系对标评估，重点建设百家贯标示范企业、千家贯标试点企业。鼓励企业引入互联网思维，制定实施互联网化转型战略，全面推行企业CIO制度。加快工业核心软件、工业云平台、工业大数据等的广泛应用，快速提升企业信息化管理能力。

四是在采购营销环节推进实现电商拓市。推进大中型企业电商应用全覆盖，支持装备制造、冶金、化工等行业龙头企业建立行业特色应用平台、大宗商品交易平台，支持规模以上企业构建与上下游企业对接的供应链管理系统。推动工业企业电商普及，支持自建电商平台开展线上购销、客户管理和创新服务等电商应用。选择行业龙头或应用成熟度较高的企业开展企业电商试点示范，形成可复制可推广的经验模式。

五是在制造服务环节推进实现模式创新。完善工业云、企业云和中小企业"e企云"，推动制造业服务化、制造服务云端化。发展大规模个性化定制，开展基于个性化产品的服务模式和商业模式创新。鼓励企业开展在线检测、远程维护等在线增值服务，培育一批总集成总承包、协同生产、远程服务、定制服务等制造服务典型。

四、积极引导推动企业互联网化提升

全面实现企业的互联网化提升,需要政府、企业及相关各方的协同推进。政府应打造支撑平台。企业应用开放心态拥抱互联网。一是加强政策扶持。贯彻落实国家和省发展互联网经济、智能制造等优惠政策。各级财政对实施互联网化提升项目的企业给予补助。设立互联网、大数据发展基金。二是增强创新能力。发挥省互联网创新联盟、互联网众创联盟的桥梁纽带作用,建设省级互联网融合创新服务平台。加强工业互联网、工业大数据等关键技术标准的研制、评估、试点及推广。三是夯实网络基础。推进"企企通"工程,完善"网+云+端"(工业宽带、工业云、工业智能终端)的工业信息基础设施。支持重点产(行)业数据中心建设和服务,加快工业智能终端的互联互通、智能控制和协同运行。四是强化智力支撑。大力引进高层次、领军型、复合型人才,引进一批适应跨界融合创新发展需要的专业化团队和紧缺型人才。建立人才培训基地,开展互联网创业培训,加快培养企业急需的互联网人才。五是保障信息安全。开展网络安全应用示范,提高工业互联网安全核心技术和产品水平。重视融合带来的安全风险,完善网络数据共享、利用等安全管理和技术措施。加强企业互联网化关键领域重要信息系统的安全保障,加强工业控制系统安全防护技术的标准化建设。

(发表于《新华日报》2015 年 12 月 29 日 B7 版)

附 录

本人的相关研究成果

以新面貌迎接实体经济发展新春天

实体经济以生产物质为主,包括工业、农业、交通通信业、商业服务业、建筑业等物质生产部门,是经济的主体,是其他非物质生产行业赖以发展的基础,是强国之本、富民之基。江苏历来重视发展实体经济。改革开放以来,江苏实体经济经历由农到工、由内到外两次转型,形成了产业体系完善、产品门类齐全、技术基础较好,国有、外资和民营企业优势互补,新兴产业与传统产业协调共进,先进制造业与现代服务业互动融合的发展格局,目前实体经济占全省经济总量的80%以上,奠定了江苏经济大省的坚实基础。

当前,我国经济发展总体保持了缓中趋稳、稳中向好的态势,但仍存在不少突出矛盾和问题,产能过剩和需求结构升级矛盾突出,经济增长内生动力不足,金融风险有所积聚,部分地区困难增多等。就实体经济而言,遇到的困难和挑战主要包括:一是缺少自主核心技术,国际竞争能力不强。国际金融危机以来全球经济增长陷入低迷,市场需求不振,竞争日趋激烈。江苏实体经济具有自主知识产权的核心技术和品牌产品较少,产业层次和产品附加值较低,受国际市场需求变化影响较大。二是供给升级相对滞后,市场拓展难度加大。随着人民群众消费结构升级及对安全、环保、能耗、质量等方面要求的逐步强化，供需结构错配矛盾日益突出，供给体系效率不高，工业领域特别是消费品领域中高质量产品和服务供给不足，一些内销产品与出口产品存在质量差距，导致大量消费支出流向海外。三是生产成本持续上升，企业经营困难增加。劳动力、税收、用电以及制度性交易等综合经营成本持续上升，金融业供给结构不适应实体经济发展需要，原材料价格快速回升，均挤压了企业盈利空间，制造业总资产回报率持续下滑，企业生产经营环境总体偏紧。出于资本增值考虑，许多实体经济企业无心坚守本业、实行"一主多辅"，将更多资金投入虚拟经济，有的投资房地产市场、土地市场靠炒房挣钱，有的热衷于资本市场，寻找机会介入银行、保险、信托、证券、基金等金融业，有的上市公司更多依赖金融投资等非主营业务收入，也直接导致实体经济相对萎缩，大而不强。

综观国际国内大势，实体经济发展虽然面临诸多挑战，但长期向好的态势没有改变。一是国际社会普遍重视。发达国家发展实践证明，大国经济唯有建立在实体经济发展的坚实基础上才能实现持续健康发展。在新一轮科技革命和产业变革蓄势待发的大背景下，发达国家重新认识到发展实体经济的重要性，纷纷实施再工业化战略，出台支持实体经济发展的具体举措。二是全球经济逐步复苏。全球经济将保持温和增长态势，美国经济增长有望加快，欧洲经济在多重挑战中稳步复苏，日本经济小幅回暖，亚太新兴经济体有望保持较高增速，将成为全球新一轮增长的重要力量，为经济长期可持续发展注入强大动力。三是中央作出新部

附 录

本人的相关研究成果

署。中央对实体经济发展历来高度重视，前不久召开的中央经济工作会议特别提出要大力振兴实体经济，严防实体经济"脱实向虚"，并将其列为2017年供给侧结构性改革四项主要任务之一，充分体现了中央发展实体经济的信心和决心，这是实体经济发展的重大政策红利。四是系列改革措施落地。国家扎实推进供给侧结构性改革，大力推行简政放权，进一步放宽投资领域限制，释放改革红利；采取降低企业成本、金融支持制造业等多项举措，切实减轻企业负担，营造了实体经济发展的良好环境。就江苏发展所处的阶段而言，全省已进入工业化后期，依赖低廉的劳动力成本、资源成本甚至以损害土地、环境、安全为代价发展实体经济的时代一去不复返，特别是在激烈的国际国内市场竞争和日益抬高的发展"门槛"下，再以传统、粗放、低效方式发展实体经济必将面临市场的淘汰。因此，当前和今后一个时期实体经济发展必须紧密结合大众创业、万众创新，紧紧依靠创新驱动，紧紧依靠科技力量，紧紧依靠质量品牌，以质量优势对冲成本上升劣势，以好品牌赢得大市场，进而获得高额利润，实现转型发展。

贯彻落实全省经济工作会议精神，就实体经济企业来讲，当前的主要任务是转型升级而不是转行升级，要重点抓好三个方面：一是做强主业。以提高质量和效益为中心，把主业做精做强做大，坚持创新驱动，树立"工匠精神"，通过掌握核心技术、一流标准和自主品牌抢占产业发展制高点，做到人无我有、人有我优、人优我特，扩大高质量产品和服务供给，奠定"百年名企"基业。消费品工业企业要着力推进质量安全标准与国际标准或出口标准并轨，做到内外销产品"同线同标同质"，努力把外溢的需求拉回来，提高国内外市场占有率。二是"瘦身"辅业。要对非主业进行一次全面清理，凡是与主业紧密性不强、关联度不高的非主业，要有计划、有步骤地退出，不影响主业发展。加快处置低效、无效资产和过剩产能，强化成本管控，减少应收账款，缩减库存规模和亏损面，优化企业债务结构，降低杠杆率。三是创新模式。顺应新一轮工业革命和"互联网+"发展趋势，深化信息技术集成应用，推进产品、技术、业态、模式创新和基于智能制造、智能服务的管理变革，发展智能制造、绿色制造、服务型制造，发展总集成总承包、协同生产、远程服务、大规模个性化定制，提高企业核心竞争力。

支持实体经济发展，政府应当重点抓好以下方面：一是优化生产力布局。加快落实主体功能区战略布局，加强总体规划、专项规划衔接，结合新的产业结构调整指导目录和国务院印发的《政府核准的投资项目目录（2016年本）》，推进产业布局优化调整，引导生产要素向更具竞争力的地区集中，提高要素资源配置效率和产业核心竞争力；引导各地发展特色产业，补短板、创品牌、增优势，形成分工协作、错位发展格局。重点开发区域与限制和禁止开发区域严禁钢铁、化工等高耗能高污染行业布局。二是优化政府服务。牢固树立实体经济为本的发展理念，大力弘扬企业家精神，完善激励机制、容错机制，给企业家松绑。着力构建"亲""清"新型政商关系，把企业需求作为政府服务的标准，真正地亲商、爱商、暖商，加强预期引导，让企业家暖心，

附录

本人的相关研究成果

稳定企业家信心。以建立"互联网+政务服务"体系为目标，在确保安全和环保的前提下，依法逐步实现对国家鼓励类、允许类企业投资项目省级部门不再审批，推进企业投资审批市县同权、扁平化管理、一层级全链条审批，努力做到网上办、集中批、联合审、区域评、代办制、不见面。三是强化政策支持。认真落实建设"一中心、一基地"两个意见、企业制造装备升级和互联网化提升两个计划、创新型省份建设40条意见，支持企业转型升级、创新发展。政府宁可开支紧一点，也要取信于企业，确保国家和省各项降低实体经济企业成本政策落到实处，进一步降低企业税费负担、融资成本、制度性交易成本、人工成本、用能成本和物流成本，同时引导企业内部挖潜，持续为企业"减负松绑"。加大金融对实体经济支持力度，推动金融资本与实体企业有效对接，让更多金融活水流入实体经济，构建合作共赢生态体系。四是加大监管力度。健全法治化市场营商环境，依法行使市场监管权力，维护好市场秩序，平等保护各类市场主体合法权益。加强日常监管，严厉打击违法违规行为，特别是一些违法违规产能以及假冒伪劣产品，加强社会信用体系建设，保护合法产能与优质产品。五是加强宣传引导。引导新闻媒体加大对实体经济领域重大政策、重点工作和重要活动的宣传，加强对先进企业和优秀企业家的宣传，深入开展政策法规、发展规划和行业形势解读，营造良好的氛围和条件，推动实体经济更好发展。

（发表于《新华日报》2016年12月27日B7版）

在 2017 世界智能制造大会新闻发布会上的讲话

各位领导，新闻界的朋友们：

大家下午好！受省政府领导委托，谨代表江苏省人民政府向工信部、中国工程院、中国科协以及中央媒体长期以来对江苏工作的关心支持表示衷心感谢！下面，就江苏制造业发展总体情况、2017 世界智能制造大会筹备情况、下一步工作安排向大家作简要介绍。

一、江苏制造业发展总体情况

（一）结构调整加快推进，经济效益稳步提升，江苏工业经济运行总体平稳、稳中有进、稳中向好

近年来，在党中央、国务院的坚强领导和国家工信部等部委的有力指导下，江苏认真践行"创新、绿色、开放、协调、共享"发展新理念，围绕建设"强富美高"新江苏，推进"两聚一高"新实践，适应把握引领经济发展新常态，坚持稳中求进工

附 录

本人的相关研究成果

作总基调，以供给侧结构性改革为主线，以"中国制造2025"江苏行动纲要为指南，以制造强省建设为引领，以建设具有国际竞争力的先进制造业基地为主抓手，统筹推进稳增长、调结构、促转型等各项工作，全省工业经济保持了稳中有进、稳中向好的良好态势。

一是规模效益全国领先。江苏制造业总量连续7年保持全国第一。2016年，全省规模以上工业增加值达到3.54万亿元，占全国14%左右，江苏制造业总量约相当于美国的20%、日本的50%、德国的60%，是韩国的1.2倍、英国的1.6倍；实现主营业务收入15.78万亿元，利润总额超过1万亿元，占全国16%左右，利润总额连续多年位居全国第一。

二是主要产业位居全国第一方阵。江苏制造业产业门类较为齐全，产业链相对完备。机械、纺织连续多年居全国首位，电子、石化、冶金、医药位居全国第二，轻工位居全国第三。其中，机械行业主营业务收入达4.4万亿元，占全国17.7%，工程机械、输变电设备、船舶等细分行业位居全国前列；电子信息行业主营业务收入达2.2万亿元，占全国18.0%，晶圆制造、集成电路封装测试等细分行业规模和技术水平位于全国前列；纺织行业主营业务收入达1.5万亿元，占全国36%，西服套装、羽绒服装、儿童服装等产量位居全国第一；医药行业主营业务收入达4000亿元，占全国14.2%，化学药品制剂产量居全国前列，肿瘤化疗一线药物销售全国占比达20%。

三是新兴产业发展态势良好。2016年全省十大战略性新兴产业实现总产值接近5万亿元，占工业经济的比重达到30.2%，其中新材料、节能环保、新能源、海工装备、高端装备制造、生物医药等行业规模居全国前列。在一些细分行业，产业规模较大，市场份额国内领先。如物联网产业规模位居全国第一，光伏电池组件约占全国50%、全球34%，智能电网装备约占全国市场份额40%，海工产品约占全国市场份额的1/3，集成电路和新型显示产量规模位居全国第一。

四是骨干企业总量大、竞争力强。虽然江苏缺乏像华为、格力、海尔等产业规模较大、品牌知名度较大的领军企业，但江苏制造业企业数量众多，全省规模以上制造企业4万多家、占全国比重近13%，百亿以上的企业超过120家，10亿～100亿元的企业超过2000家，1亿～10亿元的企业接近20000家，亿元以上企业占比超过50%，居全国前列。

2017年1～9月，全省制造业继续保持平稳向好的发展态势，主要呈现以下特点：一是总量规模持续扩大。1～9月，全省规模以上工业完成增加值2.87万亿元，增长7.5%，增速较上半年、一季度分别提高0.1个、0.5个百分点。二是产业结构持续优化。1～9月，全省高新技术产业产值5.5万亿元，占规模以上工业总产值比重达42%。战略性新兴产业实现产值超4万亿元，占规模以上工业总产值比重提高到31%。三是质量效益持续提升。1～9月，全省规模以上工业实现利润8100亿元，同比增长16%，增速比2016年同期提高4.5个百分点；预计全年规模以上工业实现利润继续超万亿元。四是投资力度持续加大。1～9月，全省工业投资1.83万亿元，增幅（6.2%）高于全国2.9个百分点；其中技改投资1.05万亿元，占全部工业投资比重达57.3%，成为投资增长的有力支撑。五是创新能力持续增强。截至目前，我省省级及以上企业研发机构4938个，大中型企业研发机构建有率超过90%。以企业为主体的全社会研发投入占地区生产总值比重达2.61%。

（二）作为本次大会的主办方之一，江苏展示了推进智能制造的坚强决心和实际行动

刚刚结束的党的十九大报告指出，我国经济已由高速增长阶段转向高质量发展阶段，正处在转变发展方式、优化经济结构、转换增长动力的攻关期，建设现代化经济体系是跨越关口的迫切要求和我国发展的战略目标，必须坚持质量第一、效益优先，以供给侧结构性改革为主线，推动经济发展质量变革、效率变革、动力变革，提高全要素生产率，着力加快建设实体经济、科技创新、现代金融、人力资源协同发展的产业体系；必须把发展经济的着力点放在实体经济上，把提高供给体系质量作为主攻方向，显著增强我国经济质量优势。加快建设制造强国，加快发展先进制造业，推动互联网、大数据、人工智能和实体经济深度融合，在中高端消费、创新引领、绿色低碳、共享经济、现代供应链、人力资本服务等领域培育新增长点、形成新动能。党的十九大报告为江苏加快工业经济转型升级，发展先进制造业，建设具有国际竞争力的先进制造业基地指明了方向。

江苏智能制造发展战略

改革开放以来，江苏经济已经经历了两次大的转型，第一次是发展乡镇企业，实现了由农到工的转变；第二次是发展开放型经济，实现了由内到外的转变；第三次是正在进行的发展创新型经济，以实现由中低端到中高端的转变。迫切需要在巩固提升制造业现有优势的基础上，瞄准未来方向和产业高端，积极探索新技术、新经济、新业态、新模式。其中，智能制造就是我们的主攻方向，我们有信心、也有能力打造世界智能制造发展的新高地，以此促进经济转型升级，推动产业发展迈向中高端。

这是因为江苏具有发展智能制造的诸多良好条件：一是产业基础好。江苏是制造业大省，制造业经济总量已经连续多年位居全国第一；产业体系完备，行业门类齐全，制造业水平较高，在若干细分行业中已有一批企业达到或接近世界先进水平。二是融合程度高。目前江苏企业"两化"融合应用效益指数、企业"两化"融合发展水平指数和区域"两化"融合发展水平指数均居全国前列。全省生产性服务业占地区生产总值比重达到30%以上。三是支撑能力强。江苏有高校140余所，全日制在校大学生200万人，江苏籍两院院士数量位居全国第一，区域科技创新能力连续八年位居全国第一，丰富的科教优势意味着我们拥有可观的潜在创新能力和生产力。四是发展氛围好。江苏发展新经济、实现转型升级有一个特别的宝贵资源：实业精神。江苏是我国近代民族工业的主要发祥地之一，特别是苏南地区被称为"中国民族资本工商业的摇篮"。近代以来，江苏实业家更是得改革开放风气之先，率先接受西方工业文明的熏陶，先后创办一系列实业，形

附 录

本人的相关研究成果

成并延续了注重实业的传统。

基于上述有利条件,这两年我省以智能制造为代表的新经济发展持续"发力"。全省智能制造目标规划、任务体系、工作体系等逐步建立,试点示范取得积极成效,智能制造整体水平明显提升。截至目前,全省累计有12个项目入选国家智能制造试点示范项目计划、26个项目获得国家智能制造专项支持、两个项目入选中德智能制造合作试点示范。有6家企业入选国家制造业和互联网融合发展试点示范,有6家企业入选国家"两化"融合管理体系贯标示范,有73家企业入选国家"两化"融合管理体系贯标试点企业。共评定50家省制造业和互联网融合发展示范企业、230家省制造业和互联网融合发展试点企业、259家省"两化"融合管理体系贯标试点企业。已经创建智能车间388家,车间自动化、智能化装备比重达83%,智能装备联网率达86%。大中型企业已基本实现电商应用全覆盖,制造业关键生产工序数控化率超过50%。基于大数据、云计算、物联网的服务应用和创业创新日益活跃,有力地推动着全省经济新旧动能转换,促进江苏从制造大省向制造强省跨越。

二、2017世界智能制造大会筹备情况

在工信部等国家部委的大力支持下,2016世界智能制造大会于12月6~8日在南京成功举办,江苏省委省政府主要领导及工

信部辛国斌副部长、中国工程院田红旗副院长等国家部委领导出席了大会高峰论坛等活动。共有来自 20 个国家和地区的嘉宾参会、人员规模近万人次；同期举办的智能制造展览会共有西门子、库卡、宝马、特斯拉、微软等 155 家国内外知名企业参展，观展人数超过 9 万人次。大会期间共有人民日报中央厨房、中央电视台、新华社、新浪网、腾讯网等 100 家媒体派出 300 多名记者参会采访。

2017 世界智能制造大会由工信部、中国工程院、中国科协和江苏省人民政府共同主办，定位为全球智能制造领域一次大规模、国际性交流、研讨、展示、交易的顶级峰会，也是国内该领域最高规格的大会。对全球智能制造领域来说，是国际性的高层次智能制造合作交流平台。对我国来说，是推动智能制造产业高端发展的创新之举。对我们江苏来说，既是加快推动我省制造业向中高端迈进的战略举措和加快产业转型升级的内在要求，也是我省更好地融入世界经济、推动产业发展的难得机遇。前一阶段，通过部、省、市的共同努力，筹备工作已经取得了很大进展。

（一）部省领导高度重视

此次大会得到了有关各方的全力支持。工信部苗圩部长、辛国斌副部长对大会高度重视，工信部装备司等有关司局给予了直接指导和大力支持。大会期间，工信部将发布"中国智能制造绿皮书"和"第一批智能制造系统解决方案供应商目录"。江苏省委、省政府高度重视，把它列入省委常委会 2017 年工作要点和省政府年度重点工作任务,对办好2017年大会寄予很高的期望。江苏省经信委、江苏省外办、中国科协智能制造学会联合体、南京市政府承办,做了大量工作。此次大会新增中国工程院、中国科协两家主办单位,中国工程院周济院长将在主论坛做《中国智能制造发展战略研究》主旨报告,该报告是中国工程院智造强国课题组为期一年的研究成果首次发布。中国科协将发布世界智能制造技术与工程十大最新进展和中国智能制造技术与工程十大最新进展等。

(二) 名人名企踊跃参加

目前确定出席论坛的重要嘉宾201位,其中两院院士16位、国际专家55位、标杆企业负责人33位。中国工程院院长周济,瑞典皇家工程院副院长白瑞楠,国际自动化学会主席布莱恩·柯蒂斯,美国激光学会主席、德国弗劳恩霍夫常务理事莱因哈特·波普拉维,"物联网之父"、麻省理工学院自动识别中心创始人凯文·艾什顿,"隐形冠军之父"、管理大师赫尔曼·西蒙,中车集团董事长刘化龙,格力电器股份有限公司董事长董明珠,西门子全球高级副总裁、大中华区CEO梁乃明,达索副总裁马蒂索尔·菲利普,三菱中国富泽克行等均确认参会。西门子、甲骨文、IBM、GE、库卡、三菱、安川、索尼、中国航天科工、中电集团、中船重工、中车集团、中电熊猫、中兴、华为、菲尼克斯等智能制造国际知名企业也纷纷确定参会。

(三) 展览论坛内容丰富

本次大会以"聚·融·创·变"为主题，共分三大板块，即智领全球高峰会、智领全球嘉年华和产品技术展示，主体结构为"1+1+1+14+8"，具体包括1个主论坛、1个高峰论坛、1个闭幕式、14场分论坛、8个专场活动。第一板块，智领全球高峰会包括主论坛、领军企业高峰论坛、14场分论坛、闭幕式等活动。第二板块，智领全球嘉年华面向各地方政府、产业园区、高校、科研院所和知名企业广泛征集，遴选出8场活动，纳入大会统一框架，旨在把大会打造成多元开放的交流、交易、合作平台。第三板块，展示国内外智能制造领域的最新技术和顶尖产品，分享智能制造实际应用解决方案，发布国内智能制造示范企业最新发展成果，目前已有261家国内外智能制造知名企业参加南京市同期组织的智能制造展览展示。

(四) 突出创新形式新颖

一是深化创新元素、丰富会务形式，论坛层面计划融入人机协作、大纤维等最新前沿技术，新增圆桌会议、高层研讨会等会议安排，进一步打造体现智能制造领域国际先进水平的高规格盛会。二是对实体大会进行虚拟展示，设计"网上世界智能制造大会"，突破现场展会时间、空间的局限性，推动线上线下互动，为今后打造网上交易平台打好基础。三是突出地方特色，根据会议论坛有关内容，结合省内相关地区（园区）的产业特色，部分论坛活动由业内知名研究院所与相关地区（园区）联合承办，以招展促招商，加快推进智能制造相关优势产业发展。

（五）营造浓厚宣传氛围

本次大会得到了中央、省市主流媒体、专业媒体、新兴媒体的大力支持，宣传形式涵盖《人民日报》、新华社、中央广播电视总台等主流媒体、新闻门户网站的新闻报道和专题报道，户外媒体的广告宣传，微信、微博、大会官方自媒体平台等新兴媒体的互动推广、新闻发布会、专题推介会以及媒体集中采访。目前，宣传工作已经全面启动，各媒体在重点版面、重点时段开辟《智能制造在南京》专题专栏，滚动播出大会公益广告；户外广告已投放，大会官网中英文版本和注册系统已上线，网上世界智能制造大会已启动制作，大会宣传片制作工作也在有序推进中。今年还新增智能制造行业媒体、智能传感行业媒体、人工智能类媒体、3D 打印类媒体等专业媒体宣传渠道，更大范围宣传与报道本次大会，展示我国智能制造发展成果和典型经验，扩大会议品牌的知名度和影响力。

三、下一步工作打算

江苏高度重视举办世界智能制造大会这一难得的极好机会。去年召开的首届世界智能制造大会，已经多方位、多层次、多角

江苏智能制造发展战略

度展示了我国智能制造政策措施、最新技术产品和主要发展趋势，充分彰显了我国在世界智能制造领域的综合实力，对于全球未来制造业发展将产生积极的影响，更对我省加快推进智能制造烘托出了良好氛围、打下了坚实基础。今年，我们将在去年既有基础上，进一步突出"世界水平、国家战略、江苏探索"的办会理念，在国家工信部的有力指导下，坚持以最高的标准、最细的准备、最优的服务，全力以赴做好大会各项工作，把大会办好、办精彩、办出成效。昨天，我们在省里再次召开大会筹备工作会议，进一步统一思想，细化落实职责分工，动员省各有关部门和南京市共同努力，齐心协力把大会召开好。今天，我们在北京联合召开大会第一次新闻发布会，正式发布大会筹备情况，再次衷心感谢工信部和各位新闻媒体的热情参与和鼎力支持。

下一步，我们将按照工信部的要求，进一步落实责任、倒排时间、明确进度、加快推进，切实做好大会组织工作。突出重点，兼顾全面，通过大会的召开，推动参会企业和各界人士充分交流产品、技术和管理经验，增进了解、共谋发展，推动参展企业拓展市场、做强做大，为我国制造业发展贡献力量。请新闻界的朋友们持续关注本届世界智能制造大会，充分发挥各自优势，对大会进行全方位、深层次、多角度、多形式的宣传报道，不断掀起舆论宣传的新高潮，进一步扩大大会的影响，吸引更多的企业和观众参展参观，为大会的成功举办作出积极贡献。谢谢大家！

（2017年11月21日北京）

附 录
本人的相关研究成果

在 2018 世界智能制造大会新闻发布会上的讲话

各位领导，新闻界的朋友们：

大家下午好！受省政府领导委托，谨代表江苏省人民政府向工信部、中国工程院、中国科协以及各新闻媒体长期以来对江苏工作的关心支持表示衷心感谢！下面，就江苏制造业发展总体情况、2018 世界智能制造大会筹备情况、下一步工作安排向大家作简要介绍。

一、江苏发展智能制造基础雄厚、优势明显、前景广阔

（一）加快建设制造强省，为发展智能制造奠定了良好基础

近年来，在党中央、国务院的坚强领导和工信部等国家部委的有力指导下，江苏认真践行"创新、绿色、开放、协调、共享"发展新理念，紧紧围绕"高质量发展走在全国前列"的目标定位，坚持稳中求进工作总基调，以供给侧结构性改革为主线，深入实施制造强省战略，加快培育具有国际竞争力的先进制造业

集群，统筹推进稳增长、调结构、促转型等各项工作，全省工业经济保持了总体平稳、稳中向好的良好态势。

一是规模效益全国领先。江苏制造业规模连续 8 年保持全国第一，2015~2017 年增速高于全国平均水平；2017 年规模以上工业增加值超过 3.5 万亿元，增长 7.5%，占全国比重 12.5%，对全省经济增长的贡献率超过 40%；规模以上工业企业利润总额超过 1 万亿元、居全国第一，占全国比重超过 14%；机械、轻工、石化、纺织、冶金、电子、建材、医药八大主要行业中，六个行业产值过万亿元，机械、纺织连续多年位居全国首位，电子、石化、冶金、医药居全国第二，轻工居全国第三。总体上继续保持全国制造业第一大省地位，对全省经济社会发展发挥着重要支撑作用。

二是先进制造业不断壮大。高新技术产业、战略性新兴产业产值分别增长 14.4%、13.5%，先进制造业占比从 2012 年的 38.7% 增长至 45% 左右；新材料、节能环保、医药、软件、新能源、海工装备等产业规模居全国第一，新一代信息技术产业规模全国第二，光伏、智能电网、海工装备等细分领域分别占全国市场份额 50%、40% 和 30% 以上；工业技改投资占工业投资的比重提升至 57.9%，高新技术产业投资增长 7.9%，高耗能和过剩产能行业投资分别下降 3.6% 和 12.8%。先进制造业占全省制造业比重持续上升，多个细分行业发展水平领先全国。

三是自主创新能力进一步增强。2017 年，全社会研发投入占 GDP 2.7%，科技进步贡献率 62%，全省高新技术企业超过 1.3

附 录

本人的相关研究成果

万家,企业研发机构建有率超过90%,企业在全社会研发投入和研发人员的占比均超过80%;规模以上工业企业研发投入不断增长,从2015年的1506.5亿元增长至2017年的1746亿元;创新成果不断涌现,新增发明专利授权1330件、PCT专利申请399件,专利产出数量实现翻番;中复神鹰碳纤维项目获得国家科学技术进步一等奖,昆山维信诺成功研制国内首款12英寸AMOLED全彩显示屏,亨通集团生产出全球电压等级最高、单根无接头最长的海底电缆,恒立液压突破挖掘机专用高压柱塞泵等关键部件。我省制造业创新正处于从跟踪模仿为主转向跟踪和并跑、领跑并存的关键阶段。

四是制造新模式加快推行。制造业数字化、网络化、智能化转型步伐加快。全省重点行业骨干企业装备自动化率达到85%以上,已成功创建388个省级示范智能车间,涵盖了机械、电子、纺织、医药、化工等主要行业;以徐工信息Xrea为代表的工业互联网平台迅速发展,入网设备累计数量已超过46万台,年数据增长量1.1PB,面向不同应用场景定制化提供115个工业App、123个工业微服务,管理着超过2000亿元的资产;以海澜之家为代表,通过打造"品牌+平台"的新型商业模式,逐步形成以用户需求为主导的大规模定制生产模式。智能制造、服务型制造等新模式广泛推广,已经成为我省传统制造业提质升级的重要方向和路径。

五是市场主体实力持续提升。全省营业收入亿元以上企业超过2万家,行业细分领域的"单打冠军"超过2000家;全省营业收入超百亿元的工业企业134家，其中超1000亿元的5家（恒力、沙钢、盛虹、中天、海澜）、超500亿元的22家；制造业上市公司288家，总市值超2.5万亿元，均居全国前列；恒力、沙钢、苏宁云商3家企业入围世界500强，47家企业入围中国制造500强，徐工集团、亨通集团、天合光能、南瑞集团等龙头企业发展水平位居世界同行业前列。龙头企业、专精特新中小企业等市场主体竞争力不断增强，成为引领我省制造业向中高端迈进的主要力量。

今年以来，全省制造业继续保持平稳向好的发展态势，主要呈现以下特点：一是稳，体现在关键指标运行平稳。上半年全省规模以上工业增加值同比增长6.2%，处于合理区间；工业投资、工业技改投资、工业用电量、外贸进出口等主要指标增幅较去年同期均有所提升，分别增长5.9%、10.4%、5.7%、17.6%。二是好，体现在发展质效不断向好。上半年，全省工业一般纳税人企业申报销售收入同比增长16.1%，连续18个月累计增幅达到两位数；规模以上工业企业利润同比增长7.9%，呈逐月回升之势；单位GDP能耗下降5.65%、单位工业增加值能耗下降8.1%，降幅较2017年同期进一步扩大；制造业贷款需求指数升至67.1%，连续六个季度处于"景气扩张"区间。三是新，体现在新动能加速崛起。上半年，全省高技术产业增加值同比增长10.6%，高于规模以上工业4.4个百分点；高新技术产业产值占规模以上工业比重提高至43.5%；新能源汽车产量增长3.5倍，智能电视增长64.9%，工业机器人增长33.6%，海工装备、集成电路、软件业等新兴产业主营业务收入均实现两位数增长,数字经济、人工智能、工业互联网、智能制造等新经济、新产业、新模式蓬勃发展,新旧动能转换进一步提速。

(二) 大力发展智能制造,是推动江苏高质量发展的战略选择

党的十九大报告指出,我国经济已由高速增长阶段转向高质量发展阶段,必须把发展经济的着力点放在实体经济上,加快建设制造强国,加快发展先进制造业。去年12月,习近平总书记在江苏视察时强调:"必须始终高度重视发展壮大实体经济,抓实体经济一定要抓好制造业。"今年4月,习近平总书记在全国网络安全和信息化工作会议上指出:"要充分发挥信息化对经济社会发展的引领作用,推动互联网、大数据、人工智能和实体经济深度融合,加快制造业、农业、服务业数字化、网络化、智能化。"5月,习近平总书记在中国科学院第十九次院士大会、中国工程院第十四次院士大会上指出:"要以智能制造为主攻方向,推动产业技术变革和优化升级,推动制造业产业模式和企业形态根本性转变,以'鼎新'带动'革故',以增量带动存量,促进我国产业迈向全球价值链中高端"。总书记的一系列重要讲话精神为江苏加快制造强省建设、推动工业经济高质量发展指明了方向。

当前,江苏经济发展已经站在新的历史起点上,正处在一个转型升级的重要关口。省委、省政府坚决贯彻落实习近平总书记对江苏工作的系列重要指示要求和党的十九大精神，坚持把推动高质量发展作为新时代江苏发展的鲜明导向，确立了"推动高质量发展走在全国前列"的目标定位，提出要大力推动经济发展、改革开放、城乡建设、文化建设、生态环境、人民生活"六个高质量"，不断把"强富美高"新江苏建设推向前进。围绕"经济发展高质量"，省委、省政府作了一系列部署安排：在重塑区域发展格局上，打破传统的苏南、苏中、苏北区域划分，实施以扬子江城市群为引擎，以沿海经济带、江淮生态经济区、淮海经济区中心城市为支撑的"1+3"重点功能区战略，更大范围优化区域布局，深化区域产业协同、联动和融通发展；同时，针对制造业结构偏重、大多集中沿江地区的突出矛盾，推动化工、钢铁、煤电行业在全省沿海沿江优化布局，进一步提升安全环保标准，促进三大支柱行业提高技术、工艺和生产经营水平。在培育先进制造业集群上，以培育新型电力（新能源）装备、工程机械、物联网、前沿新材料、生物医药和新型医疗器械、纺织服装、集成电路、海工装备和高技术船舶、高端装备、节能环保、核心信息技术、汽车及零部件、新型显示13个先进制造业集群为重点，推进江苏制造业从产业链向创新链、价值链攀升。在推动科技与产业结合上，召开全省科技创新大会，围绕建设自主可控的现代产业体系，出台一系列鼓励创新政策，着力突破关键核心技术，推动经济与科技融合互动，为江苏经济行稳致远提供有力支撑。其中，智能制造作为未来制造业发展的重大趋势和核心内容，是我们的主攻方向，将在巩固提升制造业现有优势的基础上，瞄准

附　录
本人的相关研究成果

（三）展览论坛内容丰富

本次大会以"赋能升级，智造未来"为主题，共分智领全球高峰会、智领全球发布会、智领全球嘉年华和智领全球博览会四大板块，主体结构为"1+1+1+11+N"，即1个主论坛、1场发布会、1场博览会、11场分论坛、N个专场活动。第一板块，智领全球高峰会包括开幕式、主题报告、主题对话、世界智能制造合作发展机制圆桌会议、11场分论坛、闭幕式等活动。其中，11场分论坛从智能制造技术突破与运用、系统创新与实践、重点领域协同发展三大板块探讨全球智能制造领域最为关注的热点话题。第二板块，智领全球发布会是今年新增加的一个板块，以一批重量级成果发布为重点，征集和发布各类兼具专业性和热点性的内容，构建行业尖端技术和成果的发布平台。第三板块，智领全球嘉年华面向各地方政府、产业园区、高校、科研院所和知名企业广泛征集、遴选出多场活动，共设置新思维、新技术、人才教育、投融资、产业对接五大主题，纳入大会统一框架，致力打造"智能制造周"。第四板块，智领全球博览会展示国内外智能制造领域的最新技术和顶尖产品，分享智能制造实际应用解决方案，发布国内智能制造示范企业最新发展成果，目前已有200余家国内外智能制造知名企业参加南京市同期组织的智能制造展览展示。

(四) 创新形式强化体验

一是深化创新元素,论坛层面计划融入人工智能、物联网等最新前沿技术,以"区域展区+主题展区"的形式重点展现、推广智能制造领域的前沿技术、应用设备和最新产品,进一步打造体现智能制造领域国际先进水平的高规格盛会。二是大会配备了丰富多样的智能科技设施和体验环节,集结科技、文化、娱乐等最新成果,采取人脸识别、语音同步翻译等智能会务服务,覆盖线上线下、虚拟与现实,全方位提升互动感和体验感。三是突出地方特色,根据会议论坛有关内容,结合江苏相关地区(园区)的产业特色,部分论坛活动由业内知名研究院所与相关地区(园区)联合承办,以招展促招商,加快推进智能制造相关优势产业发展。

(五) 营造浓厚宣传氛围

本次大会得到了中央、省市主流媒体、专业媒体、新兴媒体的大力支持,宣传形式涵盖《人民日报》、新华社、中央广播电视总台等主流媒体、新闻门户网站的新闻报道和专题报道,户外媒体的广告宣传,微信、微博、大会官方自媒体平台等新兴媒体的互动推广、新闻发布会、专题推介会以及媒体集中采访。目前,宣传工作已经全面启动,各媒体在重点版面、重点时段开辟《智能制造在南京》专题专栏,滚动播出大会公益广告;户外广告已投放,大会官网中英文版本和注册系统已上线,网上世界智

附 录

本人的相关研究成果

能制造大会已启动制作，大会宣传片制作工作也在有序推进中。今年还新增智能制造行业媒体、智能传感行业媒体、人工智能类媒体、3D打印类媒体等专业媒体宣传渠道，更大范围宣传与报道本次大会，展示我国智能制造发展成果和典型经验，扩大会议品牌的知名度和影响力。

三、下一步工作安排

江苏高度重视举办世界智能制造大会这一难得的机遇。前两届世界智能制造大会，已经多方位、多层次、多角度展示了我国智能制造政策措施、最新技术产品和主要发展趋势，充分彰显了我国在世界智能制造领域的综合实力，对于全球未来制造业发展将产生积极的影响，更对江苏省加快推进智能制造烘托出了良好氛围、打下了坚实基础。今年，我们将在去年既有基础上，进一步突出"世界水平、国家战略、江苏探索"的办会理念，在国家工信部、中国工程院和中国科协的坚强领导和有力指导下，坚持以最高的标准、最细的准备、最优的服务，全力以赴做好大会各项工作，把大会办好、办精彩、办出成效。下一步，我们将进一步落实责任、倒排时间、明确进度、加快推进、突出重点、兼顾全面。通过大会的召开，推动参会企业和各界人士充分交流产品、技术和管理经验，增进了解、共谋发展，推动参展企业拓展市场、做强做大，为我国制造业发展贡献力量。请新闻界的朋友们持续关注本届世界智能制造大会，充分发挥各自优势，对大会进行全方位、深层次、多角度、多形式的宣传报道，不断掀起舆论宣传的新高潮，进一步扩大大会的影响，吸引更多的企业和观众参展参观，为大会的成功举办作出积极贡献。

我就发布到这里，谢谢大家！

（2018年9月10日北京）

参考文献

[1] 徐进、吴熙：《美国智能制造的启示》，载于《贵州日报》2017年1月8日。

[2] 王晓涛：《智能制造：因标准而更"能"》，载于《中国经济导报》2016年1月8日。

[3] 韩朝华：《由日本观瞻国际制造业的前沿动态》，载于《职业技术教育》2002年第27期。

[4] 徐鹏：《德国工业4.0标准化战略研究》，载于《信息技术与标准化》2016年第3期。

[5] 游年华：《浅析德国工业4.0与中国制造的现状及发展》，载于《科技创新与应用》2016年第20期。

[6] 王凤娟：《创新中国携手"德国工业4.0"》，载于《中国报道》2017第8期。

[7] 陈云卿：《德国工业在关键技术方面的竞争力》，载于《管理科学文摘》1994年第11期。

[8] 国家制造强国建设战略咨询委员会、中国工程院战略咨询中心：《智能制造》，电子工业出版社2016年版。

[9] 夏妍娜、赵胜：《工业4.0：正在发生的未来》，机械工业出版社2015年版。

[10] 辛玉军、陈林生：《工业 4.0 实践精要》，机械工业出版社 2016 年版。

[11] 张小强：《一本书读懂工业 4.0》，人民邮电出版社 2015 年版。

[12] "Economic Benefit"，载于 "Smart Manufacturing Leadership Coalition" 2016 年 11 月。

[13] 《中国智能制造绿皮书（2017）》，电子工业出版社 2017 年版。

[14] 胡成飞、姜勇、张璇：《智能制造体系构建——面向中国制造 2025 的实施路线》，机械工业出版社 2017 年版。

[15] 中国智能城市建设与推进战略研究项目组：《中国智能制造与设计发展战略研究》，浙江大学出版社 2016 年版。

[16] 郭宇：《互联网+智能制造 驱动制造业变革的新引擎》，江苏凤凰科学技术出版社 2017 年版。

[17] 陈明、梁乃明：《智能制造之路——数字化工厂》，机械工业出版社 2017 年版。

[18] 谭健荣、刘振宇：《智能制造关键技术与企业应用》，机械工业出版社 2017 年版。

[19] 杜品生、顾建党：《面向中国制造 2025 智造观》，机械工业出版社 2017 年版。

[20] 德州学院、青岛英谷教育科技股份有限公司：《智能制造导论》，西安电子科技大学出版社 2016 年版。

[21] 辛国斌：《智能制造探索与实践 46 项试点示范项目汇

编》，电子工业出版社 2016 年版。

［22］郑焱：《新发展理念引领新江苏建设——2016 年江苏省政府决策咨询研究重点课题成果汇编》，江苏人民出版社 2016 年版。

［23］赵越：《美国〈智能制造决策者指南〉对上海制造业发展的启示》，载于《科学发展》2017 年 10 月。

［24］江苏省经济和信息化委员会：《江苏省"十三五"工业和信息化领域规划汇编》，2017 年 6 月。

［25］江苏省经济和信息化委员会：《中国制造 2025 江苏在行动》，2016 年 12 月。

［26］周济：《对智能制造基本原理与中国发展战略的思考·走向智能论坛》，2017 年 12 月。

［27］吴政隆：《2017 世界智能制造大会开幕式上的讲话》，2017 年 12 月。

［28］工业和信息化部、财政部：《智能制造发展规划（2016～2020 年）》，2016 年 12 月。

［29］国务院：《关于深化"互联网+先进制造业"发展工业互联网的指导意见》，2017 年 11 月。

［30］江苏省人民政府办公厅：《关于印发江苏省"十三五"智能制造发展规划的通知》，2017 年 5 月。

［31］工信部、发改委、科技部、财政部：《智能制造工程实施指南（2016～2020）》，2016 年 4 月。

［32］中国智能制造系统解决方案供应商联盟：《中国智能制

造系统解决方案市场研究报告（2017）》，2017 年 11 月。

［33］王志忠：《第三次工业革命与江苏经济》，经济科学出版社 2014 年版。

［34］江苏省统计局、国家统计局江苏调查总队：《2016 江苏统计年鉴》，中国统计出版社 2016 年版。

［35］江苏省统计局、国家统计局江苏调查总队：《2017 江苏统计年鉴》，中国统计出版社 2017 年版。

［36］江苏省统计局、国家统计局江苏调查总队：《2018 江苏统计年鉴》，中国统计出版社 2018 年版。

后　　记

我在而立之年就进入江苏省人民政府办公厅工作，一直从事产业经济相关管理工作，长期与实体经济打交道。多年来，无数次深入企业、车间调研，与企业家、技术人员和工人交谈，结交了一大批知心朋友，在协助领导决策、协调部门施策、争取国家支持的过程中，为江苏制造"鼓与呼"。

江苏是全国制造大省，也是全球重要的制造业基地之一。多年来，江苏省通过推动技术改造、加强质量品牌建设、淘汰落后产能等方式，不断推动传统制造业转型升级，在优化存量的基础上保持着江苏制造的领先优势。进入新时代，面对以智能制造为主要特征的第三次工业革命浪潮，我们唯有顺势把握科技革命与产业变革的历史性机遇，把发展智能制造作为主攻方向，通过做大增量不断接续发展新动能，抢占新一轮竞争制高点。

在多年的工作实践中，我不断积累着对工业经济发展的理论思索，逐步加深了对第三次工业革命、智能制造等前沿理论问题的理解和认识。近年来，主持了多项省级课题研究，在《瞭望》《经济日报》《新华日报》《群众》等报刊发表文章20余篇。2014年6月，拙著《第三次工业革命与江苏经济》出版，取得了良好的社会反响，荣获江苏省第十四届哲学社会科学优秀成果奖三等奖。2014年10月，《人民日报》以"抓住机遇推进转型——《第三次工业革命与江苏经济》简评"为题刊发书评，专门介绍了该著主要创新成果。

2016年以来，参与世界智能制造大会筹办，目标是将之办成体现江苏制造大省特色、具有全国较大影响力和全球一定知名度的智能制造领域高峰会议。时至今日，世界智能制造大会已成功举办至第三届，业界关注度明显上升，品牌影响力不断扩大，逐步成为国内规模最大、层次最高的行业盛会。在此过程中，我对智能制造的内涵特征、发展模式、政策体系的理解也日益加深，遂成此书。

需要说明的是，在本书的起草过程中，得到了省政府重点决策咨询课题项目基金的大力支持，同时课题组成员也为本书撰写作出了积极努力，他们是：省政府办公厅郁明华、黄莉，省工业和信息化厅刘耀武、高彬、赵娟、韦钦文，省统计局李保会等。在本书写作过程中，还借鉴吸收了国内外大量理论文献，已一一标注了出处（如有遗漏，敬请见谅），在此一并表示谢忱。还要特别致谢清华大学副校长、中国工程院院士尤政教授为本书作序。最后，感谢中国财经出版传媒集团郭兆旭总经理和经济科学出版社黄双蓉编辑等。感谢大家的辛勤付出。

王志忠
2018年冬